NEUROEDUCACIÓN

FRANCISCO MORA

NEUROEDUCACIÓN

SOLO SE PUEDE APRENDER AQUELLO QUE SE AMA

ALIANZA EDITORIAL

Calle Juan Ignacio Luca de Tena, 15; 28027 Madrid; tel. 91 393 88 88
www.alianzaeditorial.es
ISBN: 978-84-206-7533-6
Depósito legal: M. 8.596-2013
Printed in Spain

A los maestros,
cuya labor tanto admiro.

ÍNDICE

Hay un abismo entre la ciencia actual y su aplicación directa en el aula. La mayoría de los científicos sostienen que rellenar ese abismo es prematuro. Sin embargo, en la actualidad, los maestros son receptores de programas de información sobre cómo enseñar basados en los conocimientos que se tienen del cerebro. Algunos de estos programas contienen cantidades alarmantes de información errónea y a pesar de ello son utilizados en muchas escuelas.

Usha Goswami

Los científicos a veces argumentan que hablar sobre la biología de la educación es algo prematuro. Dicen que la ciencia tiene antes que responder a las preguntas profundas acerca de cómo funciona la relación cerebro-mente. Por el contrario, nosotros afirmamos que es de la investigación científica (ahora) de donde vendrán los grandes descubrimientos por venir en el campo del aprendizaje y el desarrollo.

Fischer, Daniel, Immordino-Yang, Stern,
Battro, Kolzumi, editores de la revista
Mind, Brain and Education

PRÓLOGO

Hace ahora unos cuatro años, a principios del año 2009, la Fundación Nuevas Claves Educativas me invitó a dar una conferencia en Bilbao con el título «Conocer el cerebro para enseñar mejor». Fue entonces cuando por primera vez puse juntas las notas que había venido escribiendo sobre este tema. Y fue también, a partir de ese momento, cuando la idea de convertir aquellas notas en un libro comenzó a tomar forma. Forma que yo diría fue definitiva a raíz de la conferencia que impartí en el I Congreso Mundial de Neuroeducación que tuvo lugar en Lima en el verano de 2010.

El interés por conocer y crear puentes de entendimiento entre la neurociencia y la educación ha ido aumentando de forma acelerada en los últimos años. Reflejo de esto último ha sido el creciente número de publicaciones y editoriales en las más prestigiosas revistas científicas del mundo (una expresión de ello se puede ver en la bibliografía que acompaña este libro). Tanto y tan acelerado ha sido el interés social y de tantos profesionales por esta relación cerebro-enseñanza, que hoy se habla de una verdadera «hambre», en especial por parte de los maestros, de conocer todo aquello que sea nuevo en este campo. Los maestros en particular parecen sentir esa necesidad de llevar estos nuevos conocimientos a la enseñanza en las escuelas de primaria y secundaria. Algo parecido está ocurriendo también entre los profesores universitarios. Decía una editorial reciente publicada en la revista *Science* y que lleva por título «La pedagogía se reúne con la neurociencia»:

> El deseo evidente y en aumento por una educación «basada en la evidencia» ha coincidido con un período de progreso tremendo en el campo de la neurociencia que ha captado un enorme interés público general con sus logros, y ello ha llevado a un debate, ya en marcha, acerca de la potencialidad de la neurociencia para propiciar una reforma de la educación.

Y es verdad. Como acabo de señalar, hoy se ha levantado un interés, sin apenas precedentes, por cambiar, innovar y mejorar la educación y la enseñanza teniendo como base los conocimientos sobre el cerebro. Interés manifestado de modo explícito por las más destacadas instituciones docentes del mundo y por algunos gobiernos, como es el caso de Estados Unidos en particular. Hoy cabe ya poca duda de que aprender, memorizar, enseñar, educar y adquirir todo el amplio arco del conocimiento lo elaboran las personas con sus cerebros. Esto justifica, claramente, cuanto he dicho en los parágrafos precedentes

Este es un libro escrito con la pretensión de resaltar y poner en perspectiva crítica y concisa, y con un lenguaje asequible y directo, algunas ideas sobre lo que ha venido en llamarse neuroeducación y lo que esta implica. Es, por tanto, un cuadro no figurativo, un marco cuya tela contiene solo pinceladas que alerten sobre lo que en educación asoma en lontananza. Es un libro que intenta destacar el momento actual de la relación cerebro-educación, pensando no tanto en su inmediata aplicación en los centros de enseñanza, sino en conocer cómo se está trenzando ese enlace que, por otra parte, se avizora fructífero. En realidad estas páginas son una reflexión sobre nuevos acontecimientos que miran positivamente hacia un futuro que nos habla de un cambio, que de hecho ya se ha puesto en marcha, sobre cómo poder enseñar y aprender mejor, y desde luego educar mejor. Es un libro, pues, escrito con la esperanza de acercar estas ideas nuevas a un amplio espectro de lectores, no solo profesionales de la enseñanza o científicos del cerebro, sino también a padres, familiares y amigos, porque es cierto que de todos depende una mayor y mejor educación de todo el mundo, y por tanto todos debemos conocer también en qué se basan estos cambios (cerebro). Espero que la lista de referencias y publicaciones científicas que se incluyen al final del libro ayude, a quienes estén más interesados, a expandir por ellos mismos el conocimiento sobre este tema.

A la escritura del libro ha ayudado en gran medida mi estancia en el departamento de Fisiología Molecular y Biofísica del Carver College of Medicine de la Universidad de Iowa, en Estados Unidos, donde fui nombrado Helen C. Levitt Visiting Professor para el curso académico 2011-2012 (agradezco sinceramente al profesor Kevin C. Campbell su propuesta y esfuerzo que permitió finalmente la obtención de este nombramiento). Ha sido un año de muchos aprendizajes. Año de reflexión, de lectura y escritura intensa en muchas y variadas materias, y también de viajes enriquecedores. Y de diálogos, muchos y frecuentes, con varios colegas sobre muchos y variados temas, entre ellos y de modo sobresaliente, aquellos sobre la enseñanza en general y de la universitaria en particular. Es por ello que quiero expresar aquí mi agradecimiento a Thomas Schmidt, Erwin Shibata, Rafael Cabeza, Edgar Folk, Andrew Russo, Deborah Sigaloff, Michael Anderson y Mark Stamnes. Y también, por supuesto, a quienes a lo largo de los años y de una manera más cercana han compartido de forma cotidiana la docencia de Fisiología Humana en la Facultad de Medicina de la Universidad Complutense de Madrid, en particular a Alberto del Arco, Jorge García Seoane, Jesús Tresguerres, Vicente Lahera María Ángeles Villanua y en especial a Gregorio Segovia, por su ayuda al proveerme con abundante bibliografía sobre esta temática. Y también a Concha Magariño y Ángela Amores, por ayudarme tanto, esta última en particular, en la búsqueda de bibliografías a veces difíciles. No menos ni pocos son mis agradecimientos a tantas personas, aquí sin tiempo ni nombres, que a lo largo de conferencias y coloquios me han ayudado con sus ideas y opiniones sobre estos temas. Gracias a todos ellos han seguido en mí vivas la emoción y la responsabilidad por y con la enseñanza y con ellas he hecho el esfuerzo por aprovechar siempre lo mejor del conocimiento disponible para enseñar mejor. Y para aprender mejor.

INTRODUCCIÓN

Todo conduce a pensar que en las sociedades occidentales, posiblemente en función a la globalización y el acelerado encuentro de culturas, se comienza a considerar más que nunca a la educación como una de las materias de estudio más importantes, si no la más importante. No se trata de que la educación, lo que aprendemos y los conocimientos que adquirimos y cómo los adquirimos, no haya sido reconocida siempre como materia importante, eso parece evidente. Lo que ocurre es que parece ser que ahora, con los conocimientos nuevos que aporta la neurociencia, comenzamos a darnos cuenta de esa importancia. Kant en su obra *Pedagogía* vino a decir que el ser humano es lo que la educación hace de él. Y tenía sobrada razón. Lo que Kant no sabía es cómo esa educación opera en el cerebro humano para que esto sea así. Y eso es lo que están empezando a desbrozar la psicología y la neurociencia cognitiva actuales.

Pareciera que es ahora, ahora mismo, cuando muchos especialistas en tantas y tantas disciplinas académicas y profesionales empiezan a tomar conciencia de este nuevo punto de partida con el que cambiar el rumbo del aprendizaje y la enseñanza en los colegios y las universidades. Hoy sabemos que una buena educación produce cambios profundos en el cerebro que ayudan a mejorar el proceso de aprendizaje posterior y el propio desarrollo del ser humano. Y el estudio del cerebro aporta nuevos conocimientos que permiten diseñar nuevas técnicas y nuevas aproximaciones con las que intervenir y hacer mejor este proceso de aprendizaje y el desarrollo de los niños. Pero no solo eso. Hoy también sabemos la importancia que tiene proyectar mejores escuelas, con mucha luz, control de la temperatura y del ruido; es decir, el diseño del colegio mismo (neuroarquitectura), lo que rodea su entorno y, desde luego, la cultura en la que se vive. En resumen, se trata de encontrar y planificar mejores herramientas de enseñanza con las que se facilite el aprendizaje de las materias, se detecten fallos psicológicos y cerebrales que incapaciten para el normal aprendizaje, se promocione la empatía, el altruismo y la colaboración, y un largo etcétera.

Empieza a no caber duda de la importancia de la necesidad de construir en las nuevas generaciones un pensamiento crítico y creativo que aleje las brumas del pensamiento mágico que durante miles de años tanto ha ensombrecido la historia de la humanidad. Es decir, un cambio en la educación que reciben los niños en los colegios. Y es que todo el mundo reconoce hoy que el conocimiento científico de cómo se desarrolla el cerebro humano tras el nacimiento y de cómo ese cerebro aprende de todo cuanto le rodea (desde el mismo momento que ve la luz el niño tras nacer) va a producir un profundo impacto en la educación. Impacto que debería impulsar a los gobiernos a instrumentar y desarrollar nuevas políticas educativas y a la necesidad de aumentar la inversión económica en educación, en particular en los colegios. Y así en cada paso del proceso educativo, desde el colegio hasta alcanzar una buena formación profesional o docente-investigadora en la universidad. Y resalto en la universidad, además, porque es en la institución donde cristaliza la formación del pensamiento crítico y analítico y la nueva enseñanza del pensamiento creativo, tanto para las humanidades como para las ciencias.

Y todo esto no debería ser un sueño filosófico de gabinete, pues es bien cierto que nos encontramos a las puertas de una nueva cultura, de una cultura basada en el cerebro. Y con esta nueva cultura, neurocultura, se está produciendo una reevaluación de las humanidades y de cómo nos concebimos a nosotros mismos. Y es ahora también cuando, junto con la neuroeducación, están naciendo nuevas disciplinas como la neurofilosofía, la neuroética, la neurosociología, la neuroeconomía y la neuroestética. Y muchas más en diversas ramas del conocimiento que están siendo reevaluadas a la luz de comenzar a descifrar los códigos que, adquiridos a lo largo del proceso evolutivo, gobiernan el funcionamiento del cerebro. Todo esto representa hoy esa perspectiva nueva que significa la entrada de la ciencia en general, y la neurociencia en particular, en el mundo de la cultura. Lo que sin duda ayudará a entender mejor las humanidades, es decir, al ser humano.

En muchos foros internacionales (lo que significa reuniones y congresos de expertos en varias disciplinas, publicaciones en revistas especializadas o de divulgación y, por supuesto, comentarios en los medios de comunicación) ya se empieza a hablar de esa necesidad de extraer los conocimientos que aporta la neurociencia cognitiva en conjunción con la psicología cognitiva y llevarlos a las aulas con la finalidad de aprender y enseñar mejor. Es decir, hacerlo de una manera más eficiente, nueva y diferente de como hasta ahora se ha hecho. Utilizar nuevas estrategias que sirvan para ayudar tanto a quienes enseñan como a los que aprenden. Y a estos últimos, los que aprenden, no solo «a los niños», sino al ser humano en todo el arco de su desarrollo, desde el recién nacido, la primera, segunda y tercera infancia, la pubertad y adolescencia, la primera y segunda juventud e, incluso, en el periodo adulto y a lo largo de ese tiempo complejo que llamamos envejecimiento, en el que es obvio que se sigue aprendiendo y memorizando. Está claro que los nuevos conocimientos pueden ayudar a diseñar programas nuevos que sean más óptimos para el proceso de aprendizaje, así como a las necesidades de cada ser humano en particular.

Estamos, pues, ante un nuevo «tiempo de reflexión» en el que se están poniendo los pilares básicos de un edificio por construir. Un marco en el que se comienzan a esbozar los primeros ingredientes figurativos y los correspondientes colores, es decir, se está tratando de concentrar esfuerzos y aproximar respuestas a tantas y tantas preguntas que emergen de la neurociencia y la enseñanza. ¿Qué sabemos del cerebro del niño que pueda ser utilizado por el maestro para mejorar sus enseñanzas? ¿Qué sabemos del cerebro cuando aprende y cómo lo hace? ¿Qué sabemos del cerebro cuando enseña y cómo lo hace? ¿Qué funciones cerebrales conocemos hoy esenciales en la transmisión del conocimiento, es decir, aplicables a la enseñanza? ¿Qué daños, psicológicos, cerebrales, siquiera sutiles, impiden o dificultan el aprendizaje de los niños? ¿En qué difiere el proceso de aprendizaje de un niño del de un adulto o una persona mayor? ¿Qué se conoce del cerebro que permita ser utilizado por el profesor para una mejor enseñanza en la universidad? ¿Qué hace que «un profesor» se convierta en «un profesor excelente»?

Preguntas que todavía no se pueden contestar con propiedad, pero sí esbozar algunas respuestas nuevas. En cualquier caso, hoy es bien cierto que la neurociencia comienza a aclarar los ingredientes neuronales de lo que conocemos como emoción, curiosidad, atención, conciencia, procesos mentales, aprendizaje, memoria y consolidación de la memoria, y también sueño y ritmos biológicos y todo ello desde el niño hasta el adulto y el anciano. Es más, la neurociencia nos enseña que estos procesos no son eventos singulares en el cerebro, con un sustrato neuronal único, sino procesos múltiples en los que participan muchos circuitos cerebrales, a tiempos diferentes y localizados en distintas áreas del cerebro y que se ponen en marcha por estímulos diversos del medio ambiente. Pues bien, adentrarse en estos conocimientos, determinar esos tiempos y relacionarlos con la eficiencia del aprendizaje y la enseñanza bien pudiera ayudar a utilizarlos mejor. Por ejemplo, sabemos que lo que llamamos atención no es un fenómeno singular y único, sino que refiere a procesos cerebrales diferentes según los estímulos que se reciben y a los que prestamos interés. Y se comienzan a poner en mesa de estudio los «tiempos atencionales» diferentes según los distintos temas a los que haya que prestar atención. Y aun cuando todavía no se conoce en neurociencia, sí sabemos por psicología que el «tiempo atencional» en el niño (el tiempo que el niño es capaz de mantener la atención) no es el mismo que en el adulto tanto para aprender una percepción concreta como para aprender un concepto abstracto relativamente complejo. Y que en todos los casos «el tiempo atencional» para atender las enseñanzas en una clase es también diferente y bastante dependiente del entrenamiento previo que tengan. Precisamente disecar todos estos ingredientes de la atención, en términos neurobiológicos y educativos puede ayudar a conocer los tiempos reales y los componentes reales necesarios para poder adecuar las enseñanzas a cada edad y hacerlas más efectivas y eficientes y también ayudar a conocer cómo estos tiempos e ingredientes pueden ser modificados. En esta disección pretende avanzar la neuroeducación.

Y de todo ello se han dado cuenta ya muchos prestigiosos pensadores e instituciones como, por ejemplo, el Centro de

Neurociencia para la Educación de la Universidad de Cambridge o Sociedad internacional Mind-Brain and Education a través de la revista *Mind, Brain and Education*. El primero es un centro que está haciendo esfuerzos por entresacar conocimientos sólidos y bien contrastados de la neurociencia y hacerlos aplicables a la enseñanza, realizando también un esfuerzo complementario en difundirlos a los medios e instituciones interesadas. La segunda también sigue ese mismo camino de publicar estudios en este campo.

Todo lo anterior no impide reconocer que hay problemas con los que se enfrenta esta andadura. El primero, ciertamente básico, es la enorme dificultad del lenguaje en la transferencia de los conocimientos de la neurociencia desde los neurocientíficos a los maestros, para que estos capten con certeza y seguridad esta transmisión y poder así aplicarlos en la clase y los alumnos. El segundo gran problema es seleccionar con claridad los datos neurocientíficos que, transferidos al maestro, sean de aplicación real y beneficien su labor. El tercero, no excederse en las expectativas que se están generando en algunos casos en los medios de comunicación, y aun en los maestros, en el sentido de ser realistas con las posibilidades que esta nueva aventura intelectual puede aportar y no caer en la trampa, tantas veces abierta, de intereses espurios. Precisamente una precipitación en este camino es lo que ha dado lugar al nacimiento de los «neuromitos», es decir, a la aplicación en los colegios de conocimientos neurobiológicos distorsionados, lo que es lo mismo que decir a la aplicación de falsos conceptos o conceptos «neuro» erróneos. Y es que hay personas que ofrecen en los colegios paquetes de información «neuro» que supuestamente son útiles y pueden guiar a los maestros a mejorar su enseñanza cuando en realidad no lo son. Y lo mismo se podría decir, quizá con otros matices, para los profesores de universidad que estén alejados de la psicología cognitiva o la neurociencia cognitiva.

De todo esto es de lo que trata este libro. Un intento de esbozar, de modo sucinto, algunas ideas que permitan intuir, acercarse, a los contenidos que ampara el término neuroeducación. El libro comienza enmarcando el concepto de neuroeducación, seguido de un recordatorio de aquellos pilares básicos del cerebro y su interacción con el medio ambiente que justifican por qué se habla de neuroeducación. Después se traza un bosquejo de los conceptos neurobiológicos y cognitivos básicos, ya clásicos, que subyacen a los conceptos de emoción, curiosidad y atención, para pasar después a aquellos otros más específicos de los procesos de aprendizaje y memoria. Neuroeducación enmarca, además, toda una serie de factores «reales» que influyen decisivamente en ese día a día del colegio, la universidad o el trabajo, como dormir bien, las características circadianas individuales que permiten trabajar mejor a primera hora del día o por la tarde, o ese capítulo tan importante de los neuromitos. A todos ellos hay que añadir otros factores ya referidos, como la arquitectura del colegio y su entorno, la luz, el ruido, la temperatura, el color de las paredes y los dibujos, pasando luego al concepto de rendimiento mental e Internet, y a continuación hacer algunas consideraciones acerca de los niños con problemas que dificultan la enseñanza, como la dislexia, la acalculia, el autismo o la hiperactividad y atención dispersa, la ansiedad, las fobias o las lesiones cerebrales. Se continúa después con la descripción de algunas características, al menos en la universidad, que hacen de un profesor, un profesor excelente y de la necesidad, en esa misma universidad, de promocionar la enseñanza del pensamiento creativo. Para finalizar se propone la creación de una nueva profesión, la de los neuroeducadores.

Dejen que les haga en esta introducción un resumen final de lo que pretende la neuroeducación. Neuroeducación sería, pues, un marco en el que colocar los conocimientos del cerebro y cómo este interactúa con el medio que le rodea en su vertiente específica de la enseñanza y el aprendizaje. Y sobre todo un intento de crear, basado en los datos que puede aportar la investigación científica, una base sólida, más allá de opiniones o ideologías, que pueda llevarse no solo a los maestros y enseñantes en general, sino a la sociedad misma, lo que incluye padres, instituciones de enseñanza varias, medios de comunicación y desde luego dirigentes a nivel nacional que tengan que instrumentar políticas educativas. Neuroeducación, sin embargo, no es todavía una disciplina académica con un cuerpo reglado de conocimientos. Precisamente y frente a esta posibilidad se escuchan voces autorizadas que consideran prematuro esta nueva aventura, debido a que los datos disponibles son escasos y de difícil aplicación directa en las aulas. Es más, muchos señalan que antes debería haber datos más sólidos que nos permitan entender mejor preguntas tan elusivas, todavía hoy, sobre cómo los procesos mentales emergen de los procesos cerebrales. Pero hay quien piensa lo contrario. Es decir, quienes afirman de modo contundente que ya se debe comenzar y avanzar en este camino, dado que los nuevos conocimientos acerca de cómo el cerebro aprende y memoriza se suceden de un modo acelerado, cambiante, año tras año, mes tras mes. Tan es así que cada poco tiempo nos levantamos asimilando nuevas ideas, nuevas máquinas, nuevos métodos y nuevos medios de comunicación. Y esto es lo que, algo más expandido, se describe en el capítulo siguiente.

1

¿QUÉ ES NEUROEDUCACIÓN?

Neuroeducación es una nueva visión de la enseñanza basada en el cerebro. Visión que ha nacido al amparo de esa revolución cultural que ha venido en llamarse neurocultura. Neuroeducación es tomar ventaja de los conocimientos sobre cómo funciona el cerebro integrados con la psicología, la sociología y la medicina en un intento de mejorar y potenciar tanto los procesos de aprendizaje y memoria de los estudiantes como enseñar mejor en los profesores.

Neuroeducación es también un campo de la neurociencia nuevo, abierto, lleno de enormes posibilidades que debe proporcionar herramientas útiles para la enseñanza y, con ello, alcanzar un pensamiento verdaderamente crítico en un mundo cada vez de más calado abstracto y simbólico. Se trata de una perspectiva de muchos aspectos diferentes y complementarios. Neuroeducación significa evaluar y mejorar la preparación del que enseña (maestro), y ayudar y facilitar el proceso de quien aprende (individualidad a cualquier edad). En parte el nacimiento de la neuroeducación está en la propia comunidad de docentes. Los maestros, desde hace ya mucho tiempo, comparten la esperanza de encontrar nuevos medios educativos basados en hechos científicos y en la neurociencia en particular. Y aun maestros o profesores reconocidos como buenos maestros o buenos profesores por los resultados que obtienen con los alumnos, admiten y afirman que sería muy positivo para ellos y que mejoraría sus capacidades docentes, si se les proveyese de un mejor conocimiento de los últimos hallazgos científicos sobre la emoción, la atención, la memoria, etc.

La neuroeducación puede ayudar en el proceso de potenciar la creatividad o el aprendizaje de ciertas disciplinas específicas, por ejemplo, las matemáticas, a partir de conocer que hay dos vías cerebrales diferentes por las que se alcanzan esos procesos y la potenciación de unas u otras «atenciones» para enseñanzas específicas, después de conocer que el proceso atencional no es un fenómeno neuronal único en el cerebro y que existen mecanismos cerebrales que sustentan procesos atencionales diferentes según a qué se aplique la atención. Y al igual para la memoria y otros muchos procesos relevantes para el aprendizaje. La neuroeducación, además, comienza a poner en perspectiva y reforzar la existencia del medio social, de la familia y la propia cultura como determinantes de la capacidad de aprender en los niños, además de reconocer que la variabilidad de sus capacidades durante ese aprendizaje se debe en parte no solo a los constituyentes genéticos de cada individuo, sino también a los cambios, que, desde el mismo nacimiento, produce el medio ambiente en el cerebro. Valga como ejemplo entre los numerosos factores ya conocidos el efecto del tabaco sobre el recién nacido, tanto si la madre es fumadora activa o solo lo es el entorno de la familia, y que se expresa en peores respuestas de los niños a estímulos sensoriales o una capacidad de atención disminuida cuando se les compara con otros niños que no han vivido en ese entorno. Sin duda que esto es ya condicionante de las capacidades cerebrales de estos niños en los primeros años de aprendizaje en el colegio.

La neuroeducación incluye entre sus cometidos ayudar a detectar procesos psicológicos o cerebrales que puedan interferir con el aprendizaje y la memoria y la misma educación. La neuroeducación está en las primeras andaduras de un largo camino que recorrerá paralelo en su trayecto el progreso tanto de la psicología como de la neurociencia cognitiva. Neuroeducación trata, con la ayuda de la neurociencia, de encontrar vías a través de las cuales poder aplicar en el aula los conocimientos que ya se poseen sobre los procesos cerebrales de la emoción, la curiosidad y la atención, y cómo estos procesos se encienden y con ellos se abren esas puertas al conocimiento a través de los mecanismos de aprendizaje y memoria. Y de estos conocimientos sacar provecho e intentar aplicarlos a los alumnos y los mismos maestros y profesores, pues está claro que para que un alumno preste atención en clase no vale exigirle sin más que lo haga. Eso sirve de bien poco, sobre todo si el profesor es aburrido y aun con un profesor activo y un tema que pudiera ser interesante. Hay que «encender» primero la emoción. Todo esto debe llevar a crear métodos y recursos capaces de evocar la curiosidad en los alumnos por aquello que se le explica. Métodos aplicados a cada edad del niño primero y después en la pubertad y la adolescencia y en el periodo universitario, y además adecuados a su propia individualidad y a las materias que se enseñan. Métodos siempre adaptados a la alegría, al despertar, al placer y nunca al castigo. Hoy ya sabemos que «la letra con sangre no entra». El castigo, el dolor como estímulo para aprender es un método primitivo, consustancial con la supervivencia en otros tiempos duros de la humanidad. Sobrevivir durante millones de años ha significado aprender con rudeza, con dolor y con ello guardar profundo recuerdo de todo aquello que hirió o hizo daño y no volver a repetirlo. El no aprender, la persistencia en el error costaba la vida. Como, contrariamente, también lo era, por supuesto, el refuerzo y el placer como sustrato, tan fuerte como el primero, para mantener la vida. Pero lo cierto es que en la actualidad con el aprendizaje en los colegios nadie se juega la vida. Por eso hoy solo se debe y se puede enseñar a través de la alegría, porque conocemos bien los sustratos cerebrales de estos procesos.

Neuroeducación no es solo llevar a todas las instituciones que imparten docencia los logros alcanzados principalmente por la neurociencia (la neurociencia cognitiva en particular), sino conseguir la «mentalización» de los profesores en cuanto a conocer cómo funciona el cerebro, extrayendo de ello conocimiento que ayude a enseñar y aprender mejor, sobre todo en los niños. Solo la idea (y la responsabilidad) puesta en la cabeza del maestro, de que lo que enseña tiene la capacidad de cambiar los cerebros de los niños en su física y su química, su anatomía y su fisiología, haciendo crecer unas sinapsis o eliminando otras y conformando circuitos neuronales cuya función se expresa en la conducta cambia ya la propia percepción que el maestro tiene de la enseñanza. Con estas nuevas ideas el docente experimenta un cambio, a su vez, en su propio cerebro, que le lleva a ser consciente de que lo que enseña es algo más profundo que los propios conocimientos que transmite.

Así pues, conocer que los cambios sinápticos del cerebro son resultado de la enseñanza que reciben sus alumnos puede ya transformar la actitud de muchos maestros y producir en ellos un tono diferente, emocional y cognitivo, en la forma en que pueden ver la enseñanza. Todo esto implica un cambio importante, pues requerirá la formación nueva de los enseñantes y rellenar ese espacio que separa los conocimientos del cerebro con la educación y la enseñanza con programas nuevos que alcancen la realidad de los colegios particularmente y desde luego a todo el arco de las diversas instituciones que transmiten conocimiento.

Neuroeducación significa no solo una nueva aproximación a la enseñanza que ayude a potenciar y mejorar habilidades y talentos, sino también, y de modo importante, a detectar déficits en los niños a pie de aula que incapacitan o reducen sus capacidades para leer, escribir, hacer números o aprender una determinada materia. Así como a prevenir, reducir o mitigar todas aquellas consecuencias de vivir en ambientes estresantes y negativos o de constante amenaza, con lo que adquieren hábitos que influyen también de manera negativa en el desarrollo normal de sus cerebros. A todo esto puede ayudar que desde muy temprana edad se haga a los niños estudios y análisis electroencefalográficos para detectar posibles alteraciones en ese procesamiento que es el aprendizaje para poder corregirlas pronto y que no dejen huella. Por ejemplo, niños que a muy temprana edad no son capaces de distinguir entre el sonido «da» y el sonido «pa» en una palabra lo suficientemente rápido (como lo hacen la media de los niños de su edad) ya puede estar indicando una lentitud en el proceso de aprendizaje por lo que es posible que luego se ralentice la velocidad de lectura normal durante el desarrollo. O tantos otros problemas fáciles de corregir con un tratamiento logopédico, médico o psicológico conductual temprano. Cada vez está más claro que es durante los primeros seis a doce meses de vida del niño cuando ya es posible detectar muchas cosas que más tarde pueden repercutir negativamente en el proceso normal de aprendizaje. Todo lo dicho sirve también para los años todavía tempranos que siguen. Por ejemplo, la dislexia, la acalculia, el síndrome de déficit de la atención e hipermotilidad, el autismo o la misma ansiedad son síndromes que se benefician marcadamente con intervenciones psicológicas y conductuales si estas se inician muy temprano y en los que el seguimiento de esta terapéutica con estudios de resonancia magnética funcional ha demostrado ser de un beneficio extraordinario en los niños.

Neuroeducación implica conocer los múltiples ingredientes cerebrales que participan en los procesos de aprendizaje y memoria y su significado desde la infancia y adolescencia hasta las personas adultas ya en la universidad y también en las personas mayores. El cerebro es plástico a lo largo de todo el arco vital. Es decir, es capaz de ser modificado para bien por el aprendizaje a cualquier edad. Ciertamente en ese arco vital los mecanismos plásticos del cerebro son menores a medida que avanza la edad de las personas. De ahí la necesidad de conocer y evaluar esos mecanismos y también, si no principalmente, los ingredientes diferentes que pudieran potenciarlos.

La neuroeducación es, pues, un campo nuevo, abierto de esperanza en el área del aprendizaje y cómo enseñar de modo cada vez más fructífero. En esencia la neuroeducación trata de crear puentes desde el funcionamiento del cerebro a la psicología y la conducta, construyendo un edificio de conceptos sólidos científicamente fundamentados y destruyendo al tiempo cada trozo de ese edificio que esté mal hecho, es decir, derribando neuromitos. El resumen de todo esto permitiría apuntar que la neuroeducación apunta a: 1) conocer qué herramientas puede proveer la neurociencia que de modo práctico sirvan para enseñar de forma más eficiente tanto en la escuela como en la enseñanza media o la universidad y realmente en todo el arco de lo que entendemos como enseñanza, sea general o especializada; 2) herramientas que sirvan para detectar problemas neurológicos y psicológicos, siquiera sean sutiles, que impidan o interfieran en los niños la tarea de aprender con facilidad en el colegio; 3) herramientas que sirvan para formar mejor ciudadanos críticos, logrando un equilibrio entre emoción y cognición, y 4) ayudar a cruzar mejor ese puente que señaló Cicerón cuando dijo «Una cosa es saber y otra saber enseñar».

2

ALGUNOS PILARES CEREBRALES BÁSICOS

El cerebro humano es un órgano muy especial. No solo por lo que implica su funcionamiento, lo que quiere decir estar encargado de expresar la conducta, el lenguaje, el pensamiento y los sentimientos, sino como órgano mismo en su contexto biológico. El proceso de la evolución biológica ha esculpido un cerebro muy diferente al que se puede encontrar en cualquier otro ser vivo, incluidos nuestros más cercanos antecesores vivos los chimpancés. No solo en lo que se refiere a su tamaño y su peso (casi kilo y medio frente al medio kilo que pesa el del chimpancé), sino a su fina estructura y organización. Es cierto que muchas partes del cerebro humano y el del chimpancé, aun cuando de tamaños diferentes, tienen un diseño muy similar, pero no es menos cierto que otras partes presentan diseños muy diferentes. En particular la corteza prefrontal, cuya organización neuronal y nodos de distribución de la información a otras áreas de la corteza son fundamentales en la elaboración de los procesos mentales y sobre todo en los que refieren al pensamiento racional, simbólico y a la toma de decisiones, valores, normas y ética.

El cerebro humano comienza su construcción a los pocos días, 16, tras la fecundación. En el transcurso de su desarrollo intraútero, durante los periodos fetal temprano y fetal tardío, y en particular en este último, hay un proceso muy activo de reorganización neuronal de la corteza cerebral. Este desarrollo continúa en la etapa posnatal temprana e infancia con una sobreproducción de circuitos neuronales en esta estructura del cerebro. Tras el nacimiento y hasta los dos años de edad hay un progresivo enriquecimiento del árbol dendrítico y el número de sinapsis aumenta. En esta etapa la entrada de información sensorial es muy importante para el progreso posnatal del desarrollo de la organización sináptica. Ello ha sido estudiado particularmente en la corteza visual. Este papel de la información sensorial en el desarrollo y maduración de las sinapsis es esencial para entender los efectos generales de una gran cantidad de factores ambientales en el progreso posnatal de la organización de la corteza cerebral.

La formación de sinapsis a lo largo del desarrollo difiere apreciablemente entre las diversas regiones del cerebro humano. Sabemos que el número de espinas dendríticas aumenta y alcanza su pico máximo entre las 34-36 semanas de la gestación para descender rápidamente tras el nacimiento. Después del nacimiento, a partir de los dos-cuatro meses, y de modo general en la corteza cerebral, hay una sinaptogénesis progresiva y rápida. Esta sinaptogénesis varía según el área cortical de que se trate. Por ejemplo, en la corteza visual el pico máximo se alcanza a los ocho meses, después el sistema se remodela con una pérdida progresiva de sinapsis y a los 11 años quedan solo el 60 por ciento de ellas.

En el caso de la corteza prefrontal este patrón es diferente. El máximo de riqueza sináptica se adquiere a los dos años y esta progresión continúa más lentamente hasta los siete. A partir de esa edad el proceso de neurogénesis se remodela con la pérdida de sinapsis que también alcanza el 40 por ciento, pero a lo largo de los años y de forma muy gradual. Por su parte, el sistema límbico (el sistema emocional) termina su maduración sináptica entre los cuatro y los siete años, dependiendo de las estructuras de que se trate. El hipocampo, por ejemplo (estructura fundamental para los procesos de la memoria), adquiere ya una arquitectura neuronal, que es casi idéntica a la del adulto, a la edad de cuatro años. De modo general, el patrón de desarrollo y pérdida de sinapsis en las áreas sensoriales, el sistema límbico, es mucho más temprano que en las áreas corticales de asociación y desde luego mucho más que en la corteza prefrontal.

Tras el nacimiento el cerebro es un *continuum* de actividad que, aun bajo el gobierno de un poderoso programa genético, es férreamente dependiente de su relación con el mundo sensorial y emocional que le rodea. Es un juego, esta vez más específico, el que se establece entre los genes que porta el individuo y el medio ambiente en el que vive y que, en buena medida, hacen del ser humano ese ser diferente a todos los demás que hay en el mundo. Pero el cerebro en su construcción no es un proceso continuo, homogéneo y sincrónico consigo mismo y con el tiempo, ya lo acabamos de ver a propósito de las sinapsis. El desarrollo cerebral se produce de una forma asincrónica, tiene tiempos diferentes. Los programas del genoma que dirigen dicho desarrollo específico tienen lo que podríamos describir como ventanas que se abren en un momento determinado y es en ese momento determinado cuando cierta información del entorno, sensorial, motora, familiar, social, emocional o de razonamiento puede entrar por ellas. Y ningún momento es más óptimo que ese, pues estas ventanas abiertas se cierran con el tiempo para dar paso a la apertura de otras.

Hoy comenzamos a saber que estas ventanas plásticas o periodos críticos, en los que el medio específico que rodea al individuo debe estar necesariamente presente, son absolutamente fundamentales para el desarrollo de muchas funciones del cerebro, como el habla, la visión, la emoción, las habilidades para la música o las matemáticas, el aprendizaje de una segunda lengua o, en general, los procesos cognitivos (conocimiento y razonamiento). Incluso empezamos a conocer que existen periodos críticos diferentes para la formación los subsistemas o componentes de esas funciones plásticas que acabamos de mencionar.

Permítanme un símil que ya he relatado alguna vez en otra parte y que ayudará a entender fácilmente lo que trato de decir. Piénsese que el desarrollo del cerebro del niño, desde el momento de la fecundación, se asemeja a la construcción de un coche en una cadena de montaje. El coche en sus piezas más elementales (los genes) es transportado por una cinta que corre a una determinada velocidad (tiempo), en donde a lo largo del recorrido se le van montando piezas (medio ambiente). El tiempo de este recorrido varía en función de determinadas condiciones, como pueden ser el número de piezas que se requiere montar en cada periodo del recorrido o la dificultad de su montaje (periodo prenatal, periodo perinatal, primera infancia, infancia media e infancia mayor, pubertad, adolescencia, jóvenes adultos, adultos y senescencia). La estructura básica del coche puede ya traer defectos que luego repercutirán en su funcionamiento (mutaciones genéticas que predisponen a ciertas patologías) o puede que con un inicio genético sin ninguna anomalía, aparezca un defecto debido a que no se hayan puesto las piezas adecuadas en el momento en el que el coche pasaba por delante del montador (medio ambiente). El concepto de ventana plástica refiere, siguiendo con el mismo símil, a que mientras el coche corre por la cadena de montaje y llevando programados genéticamente sus propios cambios intrínsecos se requieren periodos en los que se ajusten las piezas que vienen del medio ambiente. Es decir, periodos que se abren para ese ajuste de la información (piezas) proveniente del medio ambiente y que se cierran definitivamente pasado ese tiempo crítico.

El caso de ventana plástica más claro y definitivo en el mundo biológico es el descrito por Konrad Lorenz en las aves y que se conoce como *imprinting*. Casi todo el mundo conoce el hecho de que las aves, tras salir del cascarón, siguen al primer objeto que se mueve delante de ellas y este es generalmente la madre. Puede durar solo unas horas. Pasado ese tiempo se pierde. En los niños recién nacidos ocurre otro tanto para otras muchas funciones. Por ejemplo, para la visión el periodo de los primeros meses tras el nacimiento es tan crítico que una deprivación de la visión en el niño de tan solo una semana puede tener marcados efectos para su futura visión. Hoy se sabe que en la visión, el desarrollo de los diferentes circuitos en la retina, el tálamo y las numerosas áreas corticales que codifican diversos aspectos del mundo visual, como las formas, el color, el movimiento, etc., se desarrolla con ventanas plásticas que se abren a tiempos diferentes con una duración de unos pocos meses. Tal plasticidad alcanza a todos y cada uno del resto de los sistemas sensoriales. Pero también alcanza a otras funciones del sistema emocional, como las implicadas en los mecanismos de la curiosidad, la emoción, la atención, la empatía, la memoria y que no terminan su maduración antes de los cuatro años, lo que tiene implicaciones sobremanera importantes para desarrollar procesos que claramente tienen que ver con los del aprendizaje y la memoria.

Hay muchas otras ventanas plásticas, entre las que sobresale de forma especial la del lenguaje. Parece que el habla no es algo con lo que se nace. Se nace con la potencialidad de hablar, pero solo el aprendizaje en un periodo de tiempo determinado logra convertir en hecho aquello que únicamente está en potencia. Un niño que no ha oído hablar nunca a sus semejantes antes de los siete o los ocho años, jamás podrá hacerlo después o, desde luego, lo hará con enormes dificultades y limitaciones. La ventana plástica del lenguaje se cierra alrededor de esa edad. Las ventanas plásticas del lenguaje y de la visión que acabamos de mencionar son complejas y en ellas hay «sub-ventanas». Por ejemplo, en este caso, el proceso de adquisición de la semántica (significado de las palabras) es diferente en el tiempo a la adquisición de la sintaxis (construcción del lenguaje) o, en el caso de la visión, la adquisición de los diferentes componentes del objeto visto, como el color, la forma o el movimiento, también es temporalmente diferente. Es más, parece que existen no solo ventanas para los grandes sistemas o subsistemas, sino microventanas, de duración de horas o días, en la conformación molecular de muchos microcircuitos en el cerebro. ¿Podrían estos conocimientos ayudar a definir mejor los tiempos en la enseñanza, por ejemplo, de la gramática o del inglés, o de una tercera lengua? ¿Cuándo para enseñar las matemáticas?

Pero hay otras muchas ventanas plásticas, como aquellas que se abren alrededor de la pubertad que, aun cuando todavía poco conocidas a nivel neurobiológico, son de enorme relevancia. Y es que conocer los mecanismos por los cuales opera el cerebro emocional en esas edades tempranas y cómo procesa y codifica ese complejo ingrediente de carga genética, carga ambiental biológica, educación y cultura en el contexto de una invasión hormonal crítica que «abre» el cerebro y fija nuevos patrones de conducta «individual» es absolutamente imprescindible para conocer las raíces biológicas de esa otra etapa convulsa que es luego la adolescencia. Precisamente durante esos periodos relativamente largos que son la pubertad y la adolescencia, el cerebro sufre profundos cambios en su camino de construcción hacia el cerebro adulto. Cambios que no son solo de matiz o de «modelado» de un cerebro ya hecho, sino un auténtico «hacerse» cerebro adulto con la muerte de neuronas, y el aumento o disminución del grosor y el árbol de conexiones de las que permanecen vivas.

De estas ventanas que estamos considerando hay un área del cerebro, la corteza prefrontal, que sufre un retraso de maduración considerable. Esta área del cerebro está implicada nada menos que en todo aquello que consideramos más humano, desde la ética, la moral, el razonamiento o la propia responsabilidad social, el control de las emociones y la impulsividad hasta la toma de decisiones y la planificación responsable del futuro de la propia vida del individuo. Esta parte del cerebro de la que hablamos, de hecho, no termina de madurar hasta los 25-27 años, que es cuando ya han aparecido ciertos neurotransmisores y cuando se han terminado de aislar con mielina los axones de las neuronas. ¿Qué ventanas se abren y cuáles se cierran en ese largo periodo tan crucial para la construcción madura del ser humano? ¿Qué ventanas se abren y cuándo se cierran durante la pubertad, en esa cascada hormonal que invade y transforma el cerebro de los jóvenes? ¿Y cuándo durante ese largo periodo de la adolescencia en el que, como acabo de señalar, mueren tantas neuronas y hay una nueva reorganización de ciertas áreas de la corteza cerebral? Y, en todo esto, ¿qué elementos y estímulos del medio ambiente son los más relevantes para una mejor educación y enseñanza de los adolescentes?

Pero pasemos a considerar brevemente el cerebro ya formado y maduro. El cerebro humano adulto está constituido esencialmente por unos 100.000 millones de neuronas y otras células que llamamos glía (en número casi diez veces mayor). Un conjunto de neuronas interconectadas y distribuidas en pequeños o amplios territorios de la corteza cerebral conforman los circuitos neuronales que codifican para funciones específicas. Hoy sabemos que este cerebro adulto, como continuación del periodo de desarrollo, sigue siendo plástico, cambiante. La propia neurona es plástica, es decir, está cambiando constantemente gracias al trabajo de sus propios genes. Y esto último se refleja obviamente en los circuitos que conforman estas neuronas, donde se genera quiénes somos cada uno, y cómo ese «uno» cambia cada día y a lo largo de toda la vida. Precisamente la interacción del individuo con el medio ambiente produce continuos cambios en el cerebro. De hecho, aprender y memorizar es eso, cambiar el «cableado sináptico» del cerebro. Y aprender y memorizar es el proceso que realiza el ser humano desde que nace hasta que muere.

El cerebro humano es un órgano heterogéneo. Su corteza cerebral está dividida en muchas áreas y estructuras. Por un lado, posee áreas en particular, donde se crea la sensación y la percepción del mundo a través de la información proveniente de los órganos de los sentidos (visión, audición, tacto, temperatura, dolor, gusto, olfato) y, por otro, las áreas en donde se elaboran los programas motores con los que se ejecuta la conducta. Pero también posee esos largos territorios prefronto-parieto-temporales, las áreas de asociación, donde se elaboran los procesos mentales, el pensamiento abstracto y simbólico y los sentimientos. La neurociencia ya aporta abundantes conocimientos acerca de los códigos neuronales que elaboran los procesos mentales y se sabe que están cifrados en códigos de tiempo, abiertos y no anatómicos y fijos en el espacio. La corteza cerebral está dividida en dos estructuras, los dos hemicerebros (derecho e izquierdo) que albergan funciones diferentes y complementarias. La unidad funcional del cerebro se realiza gracias a ese puente anatómico que une ambos hemisferios y que es el cuerpo calloso (un millón de fibras nerviosas).

Cuando se analizan las funciones de ambos hemisferios cerebrales por separado, se comprueba que el hemicerebro derecho es fundamentalmente un cerebro holístico, global, que realiza asociaciones de tiempos (acontecimientos) y espacios (lugares) muy distantes de modo constante. Es generador de ritmos, música, imágenes, dibujos. Es el hemisferio «creador». Funciona bajo el foco de una atención dispersa y en parte inconsciente. El hemicerebro izquierdo, por su parte, es lenguaje, lógica, matemáticas. Es el hemisferio «analítico». Funciona bajo el foco de una atención focalizada, consciente. Ambos hemisferios trabajan siempre juntos y en conjunción, pues para la elaboración de cualquier función cognitiva específica necesitan del diálogo y la transferencia de información entre ellos. Entre ambos hemisferios hay, pues, un intercambio de información continuo y constante. Sacar conocimiento, al menos rudimentario, de cómo se elaboran los procesos mentales y el pensamiento, el lenguaje y las matemáticas, los sustratos de las asociaciones de eventos en el tiempo y la memoria y como finalmente se crea conciencia y conocimiento es fundamental para captar la esencia del mensaje neuroeducativo.

Del mismo modo, es esencial conocer el mundo de las emociones para captar la esencia de la enseñanza. La elaboración de las emociones corresponde a otro cerebro dentro del cerebro que se conoce como sistema límbico o cerebro emocional. La emoción es la energía que mueve el mundo. Su importancia principal radica en que lo que se ve, se oye, se toca se paladea o se huele, tras ser analizado sin significado emocional alguno por las correspondientes áreas sensoriales específicas de la corteza cerebral, pasa por el filtro del sistema emocional y es allí donde a esas percepciones sensoriales, ya creadas, se las acuña con la etiqueta de bueno o malo, atractivo o rechazable, interesante o soso. Y es después cuando esa información, ya coloreada con ese significado emocional, pasa a las áreas de asociación de la corteza cerebral donde se construyen los procesos mentales, de razón y pensamiento, y se elaboran las funciones ejecutivas complejas. Y también pasa al hipocampo, donde se registra la traza mnemónica (de memoria) de lo percibido y aprendido. En otras palabras, los abstractos o ideas, con las que trabajan las cortezas de asociación para crear el pensamiento ya están impregnadas de emoción. En particular parecen fundamentales los circuitos neuronales de una estructura del sistema límbico, la amígdala, que viene conectada a casi todas las áreas del cerebro. Cognición-emoción es, pues, un binomio indisoluble que nos lleva a concebir de cierto que no hay razón sin emoción. Binomio cardinal para entender la esencia de lo que es enseñar y aprender. Sacaremos ventaja de estos conocimientos básicos en los capítulos que siguen.

3

APRENDIENDO TEMPRANO

Se habla y se piensa sobre el cerebro como si este fuese un órgano que trabaja, piensa y decide solo, pero lo cierto es que el encendido de los códigos que lo hacen funcionar se encuentra fuera del mismo cerebro, en los estímulos que provienen del medio ambiente. Parte de esto ya lo hemos visto en el capítulo anterior al hablar de las ventanas plásticas. Aun cuando también es cierto que para que ese medio ambiente «estimule» y ponga en marcha ese cerebro, este ya debe tener activada su propia dinámica interna. Para ver algo no solo basta con tenerlo enfrente, hay que tener, además, la actividad interna, la emoción, que permita verlo. Lo cierto es que el sistema nervioso, a los pocos días tras la fecundación ya absorbe información de cuanto le rodea, sea de su posición en el útero materno, sea de cuanto hace o sufre la madre, estrés, reacciones emocionales, alimentación, tabaco. Es decir, en su propia construcción el cerebro «ya aprende» y cambia su configuración y se hace diferente a cualquier otro. Esa diferencia, esta individualidad, no solo se debe a la herencia específica recibida de los padres, a su vez genética y epigenética, sino también a la acción de esos otros factores producidos por la conducta de la madre y que acabo de señalar. Pero, sin duda, las modificaciones más importantes se realizan tras el nacimiento. Por ejemplo, un niño con tan solo 42 minutos de vida es capaz de hacer coincidir de alguna manera gestos propios con gestos que se le hacen, como sacar la lengua o abrir la boca. Y esto parece increíble sabiendo las capacidades de un recién nacido, lo que indica claramente que a esas edades el cerebro posee circuitos neuronales que activados por «observación» permiten sincronizar actos motores propios con actos producidos por otro ser humano, es decir, circuitos neuronales que unen sensación con acción. De hecho, hoy conocemos la alta sensibilidad de los niños casi recién nacidos para aquellos estímulos que están en movimiento. Es en esta materia, referida al proceso de aprendizaje en estas primeras etapas del ser humano, donde los estudios más avanzados han señalado, aparte de este engarce neuronal percepción-acción, dos procesos centrales. Uno de naturaleza que podríamos llamar computacional o automática y otro verdaderamente social.

Desde la perspectiva computacional se ha podido comprobar que los niños desde muy temprano poseen habilidades poderosas que les permiten automáticamente captar y procesar información del medio que les rodea sin entrenamiento alguno previo de sus padres. Por ejemplo, niños con muy pocos meses de edad son competentes para entender lo que es grande y lo que es pequeño. Y un experimento ilustra cuanto digo. Supongamos que a un niño de meses se le muestra un conjunto abultado de muchos objetos todos iguales, sea un conjunto de 30 cubitos de colores que luego, mientras el niño los está mirando, se ocultan detrás de una cortina (conjunto grande). A continuación se le muestra al niño otro conjunto de esos mismos cubitos pero esta vez de tan solo tres unidades, que también se ocultan detrás de otra cortina (conjunto pequeño). Después, tras la cortina que oculta el conjunto grande de cubitos, retiramos todos los cubitos dejando solo uno. Pues bien, si delante del niño se vuelve a abrir la cortina que oculta el conjunto pequeño de tres cubitos, el niño no muestra ningún gesto de sorpresa. Sin embargo, si tras esto, se levanta la cortina que oculta supuestamente el conjunto grande de cubitos y aparece solo uno, el niño sí hace un gesto de asombro. El niño, evidentemente, no puede hablar pero sí parece preguntarse «¿dónde se ha metido el montón grande de cubitos?». El niño, claramente, ha sido capaz de computar en su cerebro la diferencia entre grande y pequeño y expresarlo en la conducta, en este caso en su cara y la contractura de músculos que indican cierta «confusión». Estas capacidades, hoy lo sabemos bien, tienen sus principales circuitos neuronales responsables en ambos lóbulos parietales, es decir, tanto del cerebro derecho como del izquierdo y muy específicamente alrededor del surco intraparietal, donde se construyen el sentido y significado de los números y el sentido aproximado de las cantidades. Estos son códigos que se ponen en marcha temprano en el desarrollo y, de hecho, son códigos que ya existen en los cerebros de nuestros predecesores desde hace millones de años. Curiosamente esta capacidad que permite poder distinguir o intuir tamaño —grande o pequeño— en un conjunto de cosas ya la poseen otras especies animales, como por ejemplo los delfines y los monos, y por supuesto los antropoides. Y sin duda que ello ha debido ser la base, antes de saber hacer cálculos exactos, para tomar decisiones importantes, como la de huir (frente a muchos enemigos) o atacar (solo uno), o simplemente trepar escogiendo el árbol con mayor cantidad de frutas. Está claro que estos códigos han servido a la supervivencia del género *Homo* durante mucho tiempo.

Los niños, cuando se les habla, son capaces de distinguir elementos, unidades fonéticas del lenguaje materno, mucho antes de los tres años. De hecho, los niños ya tienen la capacidad de comenzar a distinguir las palabras sueltas alrededor de los seis meses y responder a la lengua materna de una manera específica entre los nueve y los 12 meses de edad. Es más, se ha indicado que niños americanos y japoneses que a los siete meses discriminaban entre los sonidos de las sílabas «ra» y «la» muy bien o bastante bien, cambiaron de forma radical al alcanzar los 11 meses. A partir de esa edad los niños americanos mejoran significativamente en esa discriminación, mientras que la habilidad de los niños japoneses declina de una forma aguda. Estas observaciones son importantes para entender lo temprano de la conformación de circuitos neuronales específicos modulados por la cultura en que se vive.

Resulta interesante que en los últimos años y basándose en estas observaciones en los niños se hayan diseñado algoritmos; es decir, un conjunto de elementos bien definidos con los que se crean programas computacionales, que se expresan en la actividad de robots capaces de cambiar su conducta automáticamente como consecuencia de la propia experiencia o interacción con el medio que les rodea. Pues bien, el estudio del comportamiento de estos robots equipados con estos algoritmos comparado con el comportamiento real de los niños ha permitido estudiar y descomponer la secuencia básica de elementos del lenguaje, y ello ha ayudado, a su vez, a conocer cómo aprenden los niños y explicar la poderosa influencia cultural en estos aprendizajes. Bien es cierto que estas computaciones no las hacen los cerebros de los niños de un modo indiscriminado, pues aprender requiere señales sociales indicando «qué» y «cuándo» hay que aprender y desde luego un sustrato emocional del niño que lo predisponga a la tarea. Y esto es absolutamente importante en los primeros meses tras el nacimiento.

La psicología del desarrollo ha identificado factores sociales que son esenciales en ese aprendizaje durante los primeros tiempos tras el nacimiento. Hoy se habla de tres de esas habilidades sociales básicas que se aprenden pronto. Habilidades que, por otra parte, serán de importancia sobresaliente para el proceso subsiguiente de educación y aprendizaje en el colegio. La primera es la imitación; la segunda, la atención compartida, y la tercera, la comprensión empática. Los niños aprenden de los demás por imitación. Es esta una capacidad emocional innata; de hecho, es quizá el mecanismo social de aprendizaje más poderoso. Los niños imitan un amplio rango de conducta de los padres, incluyendo lo que hacen y cómo lo hacen, sus manierismos, cómo hablan y cómo gesticulan al hacerlo. Por ejemplo, un niño muy pequeño cuando ve a su padre utilizar un teléfono trata él mismo, después, de alcanzarlo y hacer sonidos al aparato telefónico. Y esto, parece evidente, el niño no lo ha entrenado previamente, ni tampoco parecen existir patrones de conductas innatas que lleven al niño a hacer cosas específicas de esta manera. La imitación tiene un valor enorme en el proceso de aprendizaje, pues lo acelera, lo hace en un tiempo más corto, y además multiplica las oportunidades de aprender. Solo hay que pensar, por ejemplo, el tiempo que se requeriría para que un niño, tras descubrir algo por sí mismo que fuera interesante, lo tratara de aprender por un proceso de prueba-error. Esto último requeriría una enorme cantidad de tiempo, amén de la inseguridad que implica un proceso de este tipo. Por el contrario, la imitación no solo acelera el proceso, pues únicamente requiere hacer «casi» una copia del mismo, sino que los niños aprenden por observación directa de hechos que realizan las personas de su entorno, es decir, en un contexto de seguridad como son sus padres, fuente máxima de supervivencia.

Acabo de señalar que la imitación es «casi» la copia de una conducta, pero no es tan fácil. El «casi» refiere a que propiamente el proceso de imitación del que estamos hablando no es copia idéntica de lo que el niño ve, sino un extracto específico relacionado con las intenciones y objetivos que persigue el adulto. Por ejemplo, cuando un niño de 18 meses ve a alguien coger una taza pero esta se le cae al suelo, lo que el niño entresaca de ello es principalmente el objetivo de coger la taza, puesto que el niño, cuando más tarde imita ese acto, no la deja caer al suelo tras cogerla. Y todavía más. En estos actos imitativos, aun siéndolo, son altamente discriminativos, pues, al parecer, los niños eligen quién, cuándo y qué imitar y utilizan no solo la imitación pura y pasiva, sino que al imitar autodescubren nuevos modos de resolver otros problemas.

Atención compartida quiere decir dos personas mirando un mismo objeto o evento y este fenómeno se ha encontrado que es una base importante para la comunicación y el aprendizaje de todo aquello que sucede en el entorno del niño. Por ejemplo, los niños pequeños en la mitad de su primer año de vida ya miran con más frecuencia en la dirección en que lo hace un adulto cuando vuelve la cabeza para observar cosas en su campo de visión. Es este un mecanismo y un proceso que une adultos y niños pequeños y les hace compartir el mundo de la percepción de un mismo objeto o de personas, lo que facilita el aprendizaje no solo de significados, sino el aprendizaje de las palabras y la comunicación social. A este respecto hay experimentos muy interesantes. Por ejemplo, en una habitación se sientan en una mesa, uno frente a otro, un niño de un año y un adulto. Y a un lado de la mesa hay dos objetos idénticos (es decir, dos objetos que tienen la misma capacidad de estimular la curiosidad), con cierta distancia entre ellos, pero ambos al alcance de la vista de los dos. Si tras mirarse uno a otro, niño y adulto, de pronto el adulto gira la cabeza y mira hacia uno de los objetos, el niño, inmediatamente, vuelve también la cabeza y mira hacia ese mismo objeto, el que está mirando el adulto. Es más, hay experimentos mostrando que un niño de nueve meses es capaz de girar la cabeza en la misma dirección que la cabeza de un robot que aparece frente a él y al que observa. En este último caso estudios meticulosos muestran que lo que hace el niño no parece obedecer solo a la curiosidad por el robot, sino que el giro de la cabeza del niño obedece propiamente al giro de cabeza que hace el robot y lo que ello significa. Curiosamente, un poco más tarde, a los 12 meses, ya existe en el niño algo más allá de simplemente volver la cabeza imitando lo que hace el adulto y que refiere al significado de la mirada misma. De modo que si una persona con los ojos abiertos se vuelve a mirar uno de los dos objetos que antes hemos mencionado, el niño mira también ese mismo objeto pero, sin embargo, no lo hace si observa que el adulto cierra los ojos antes de girar la cabeza, de modo que aun volviendo el adulto la cabeza el niño ya no sigue ese movimiento.

¿Podrían aplicarse los conocimientos de cómo los niños aprenden en los primeros meses de esa manera tan rápida, eficiente y sin esfuerzo —es decir, sus bases cerebrales— para mejorar la educación y el aprendizaje en los colegios en tiempos posteriores? Al menos los estudios actuales en este sentido se desarrollan poniendo énfasis en conocer cómo el niño aprende antes de entrar en la escuela (tras los primeros años en el seno de la familia), cómo lo hace en la escuela y basándose en ello tratar de diseñar programas que puedan mejorar la enseñanza posterior. Por ejemplo, ya hay estudios de neuroimagen realizados con niños de seis años, que indican que las diferencias en las oportunidades de aprender que el niño haya tenido antes de entrar en el colegio se correlacionan con diferencias cerebrales que bien pudieran afectar al aprendizaje posterior en el propio colegio. En definitiva, la utilización de progresos educativos que potencien la interacción social desde muy temprano parece producir cambios positivos a largo plazo en los niños que facilitan todo aprendizaje posterior y también el componente afectivo de la relación con los demás.

Y la tercera habilidad social es la comprensión empática. La capacidad de sentir emociones y sentimientos es esencial en el proceso de maduración del cerebro humano y este tema es hoy central en los estudios más avanzados de computación y enseñanza acerca de cómo piensan los humanos. Hay experimentos que muestran que niños muy pequeños, mucho antes de pronunciar ninguna palabra, ya expresan conductas empáticas, altruistas. Cuando un adulto simula una herida en un dedo y finge llanto ante un niño menor de tres años, este tiende a acercarse al adulto para consolarlo con gestos empáticos, por ejemplo, entregarle cosas que sean muy queridas para él, como lo puede ser quizá su propio osito de peluche. Lo mismo se ha visto en experimentos en los que si un robot simula llanto frente a un niño pequeño, este se acerca igualmente a consolarlo. Sin duda, estas experiencias arrancan de códigos profundos cerebrales que vienen heredados, aun cuando también son conductas que vienen moduladas por el entorno cultural, el entrenamiento y la percepción de la conducta de los otros, en particular de los padres. Es más, si estas reacciones son expresadas por los adultos, frente al daño que sufre un niño, se convierten en juicios y emociones morales y en conductas morales. Descubrir los orígenes de las diferencias individuales en este terreno de la emoción, la empatía y la compasión es un tema central en la neurociencia que estudia el desarrollo social-cognitivo de los seres humanos y su implicación para el aprendizaje y la enseñanza.

Y en este capítulo de la emoción y la empatía en los niños estamos empezando a ver su influencia esencial para aprender en el colegio. Hoy sabemos que hay maestros con larga experiencia y profundos conocimientos que fallan en sus enseñanzas por falta de empatía y habilidades de comunicación social, lo que lleva a algunos niños, desde ese naciente impulso a aprender, a terminar con un apagón en el interés por las materias. En cambio hay otros maestros que, sin tanto conocimiento e incluso significativamente menos conocimientos, abren la mente de los niños, los inspiran, los vuelven curiosos por el conocimiento, gracias a sus cualidades para la empatía o que han cuidado y ampliado sus habilidades sociales y de comunicación. La empatía, pues, el acercamiento emocional, es la puerta que abre el conocimiento y con él la construcción de un buen ser humano. Y es que no creo que haya un tema de más trascendencia humana, incluso más que la ética, que el de la educación y de cómo nos preparan y nos preparamos desde el nacimiento para esa misma ética, para entronizar valores y expresar su respeto en la conducta. Veremos que cuando se enseña, a cualquier nivel, incluida la enseñanza en la universidad (capítulo 19), esa emoción y esa empatía adquieren una relevancia especial. El maestro y los profesores son la llave de la educación, siempre lo han sido, pero lo siguen siendo en esta nueva etapa que es la neuroeducación. El resumen de todo esto es que la emoción, los sentimientos, sus mecanismos cerebrales y su expresión en la conducta siguen siendo la base, el pilar esencial, que debemos conocer para construir un edificio sólido en la enseñanza.

4

... Y TAMBIÉN INTERVINIENDO TEMPRANO

En todo ser vivo aprender es un proceso consustancial con asomar al mundo por primera vez. Estudios muy recientes muestran que los niños «aprenden» de su entorno y guardan memorias inconscientes de ese aprendizaje en apenas horas tras nacer. Precisamente los primeros años de ese acelerado proceso que es la adquisición de emoción-sentimientos-conocimiento-lenguaje, son el periodo de desarrollo que mayor atención está recibiendo de la neurociencia y la psicología cognitiva y también, en parte, de las ciencias sociales, porque es cada vez más obvio que durante este periodo se sientan las bases sólidas para la educación y sus consecuencias para el futuro de la persona. Es el periodo que requiere también de una atención exquisita a la conducta del niño y, en su caso, realizar una intervención temprana, para prevenir, reducir o mitigar las consecuencias de cualquier entorno negativo, y desde luego, también para detectar síntomas que expresen procesos cerebrales y mentales neurológicos que impidan u obstaculicen el proceso normal de aprendizaje y memoria.

Un medio ambiente estable, estimulante y protector construye en el cerebro infantil los pilares sólidos para una enseñanza efectiva. Por el contrario, un medio ambiente adverso, castigador y estresante influyen en, y de hecho impide, el normal desarrollo de los circuitos cerebrales que permiten ese aprendizaje normal. Empieza a haber conocimiento experimental y clínico acerca de, por ejemplo, los efectos de un medio ambiente estresante (familiar, social) en el desarrollo normal del cerebro de los niños, entre los que se encuentran el aumento constante de hormonas como el cortisol y sus efectos neuronales negativos en el hipocampo, área clave de los procesos de aprendizaje y memoria. Está claro que amenazas constantes y de cualquier tipo sobre el niño y que este no puede controlar de ninguna manera, bien sea porque vienen infligidas por los padres o porque el niño no tiene un padre y una madre que le sirvan de paraguas o pararrayos, afectan los circuitos neuronales de la amígdala y del hipocampo que acabo de mencionar y, en consecuencia, al desarrollo de los procesos emocionales y cognitivos. Los mecanismos que generan ansiedad disminuyen los procesos de atención y tienen consecuencias severas sobre el proceso de aprendizaje y memoria. También perjudican la maduración de los mecanismos corticales neuronales de inhibición cuyo deterioro o retraso pueden generar impulsividad. Es cierto que estos mecanismos, más tarde en la vida, si las condiciones sociales cambian, pueden, en parte, ser revertidos a través del desarrollo de otra estructura cerebral que madura tiempo después y que es la corteza prefrontal. La idea central de la neuroeducación es detectar en el niño déficits que afecten ese proceso de aprendizaje e intervenir en la aparición de estas conductas para modificarlas en lo posible y lo más temprano que se pueda.

Cuando se habla de intervenciones tempranas, se dice, entre los especialistas, que un niño de cuatro o cinco años ya no tiene una edad verdaderamente temprana para detectar muchos síntomas. Muchos déficits se expresan antes y las intervenciones deberían ser realizadas, consecuentemente, antes de esa edad.

Para los niños que viven en ambientes adversos y negativos, como pueden ser amenazas o castigos, cuatro años sin hacer nada significa posiblemente un daño difícil de reparar, dado que esos son los años claves del desarrollo tras los cuales ya se ha cambiado mucha de la arquitectura cerebral del niño. Y hoy todo ello cobra importancia sobresaliente cuando sabemos que se pueden mejorar estas alteraciones conductuales mediante tratamientos conductuales no solo en estos casos de ansiedad o impulsividad, sino también en los casos de déficits de atención e hipermotilidad o autismo no severo y otros síndromes (capítulo 18).

Así pues, hay déficits de la conducta de algunos niños pequeños que pueden ser rectificados con tratamientos conductuales si se detectan a tiempo. La persistencia de esos déficits puede influir en fallos de la conducta y en la educación y el aprendizaje posteriores. Tal es el caso de los niños nacidos con bajo peso o prematuros (28,8 semanas de media), que, cuando más tarde se les compara con los nacidos a término, tienen menor rendimiento escolar. Cuando estos dos grupos de niños (de entre 9 y 16 años) fueron analizados para ver su nivel de comprensión de una frase oída, ambos activaron por igual las mismas regiones cerebrales de comprensión del lenguaje. Sin embargo, según la complejidad de la frase fue en aumento se comprobó que aquellos que habían sido prematuros mostraban una mayor activación en el giro frontal medial, cosa que no ocurrió en los niños nacidos a término. Esto indica que el prematuro requiere de mayor activación y reclutamiento de redes neurales más extensas que el nacido a término y nos llevaría a la idea de que en el nacido prematuro subsisten defectos que, aun cuando fueran sutiles en las condiciones de la rutina de las enseñanzas en el colegio, bien podrían ponerse de manifiesto más tarde de una forma importante cuando las exigencias aumentaran y al enfrentarse con tareas intelectuales en su vida profesional futura.

También otro estudio ha mostrado que un grupo de niños con bajo peso al nacer presentó después dificultades en el aprendizaje de la aritmética, déficit que se correlacionó con una reducción del tamaño del surco intraparietal izquierdo, área que como acabamos de mencionar está relacionada muy específicamente con las capacidades para la estimación de cantidades. Estos fallos del desarrollo, si se hubieran detectado en los niños de modo temprano, podrían haber sido objeto de tratamiento por entrenamiento conductual. Todo esto también deja entrever la importancia de la educación individualizada si se encontraran las fórmulas que permitieran que hacerlo fuera económicamente rentable a la sociedad. De hecho, ya hay algunos modelos económicos que, aun cuando todavía en discusión, proponen que cuanta más inversión se haga en la educación en los años tempranos mayor será el retorno de beneficios a la sociedad y más rico será ese país cara al futuro. Este es un punto hoy abierto en los países más adelantados y que comienza a ser de importancia capital.

De modo que hay una llamada muy actual, que se expresa en esta nueva perspectiva neuroeducativa, para intervenir de forma activa y prevenir o reducir todo efecto negativo sobre el cerebro de los niños en desarrollo. Y ello requiere ser conscientes de esta situación e instrumentarla en lo familiar, lo social y lo político, a través de neutralizar dichos efectos negativos en lo posible a nivel de los padres, de la ayuda social en los colegios y el trabajo de potenciales nuevos neuroeducadores. De esto último también se habla en el capítulo 21 de este mismo libro. Y lo mismo podríamos señalar en niños sin déficit alguno para la enseñanza, en relación con la memoria de la lectura, la escritura o las matemáticas (con estas últimas en particular). En el capítulo anterior ya señalamos las capacidades de estimar «grande» y «pequeño» y que aparecen muy pronto en los niños. Pues bien, está claro, y todo el mundo lo sabe por evidente, que hay otras capacidades matemáticas que son de aparición mucho más tardía, como calcular con exactitud magnitudes; es decir, la aritmética. Y resulta curioso que estos dos tipos de habilidades matemáticas tengan sustratos y localización diferente en el cerebro. La primera, la capacidad para estimar y obtener un resultado aproximado pero no exacto (por ejemplo, estimar si 10 es más grande que 2), se relaciona con estímulos visuo-espaciales («estoy viendo un montón de cosas más grande que otro montón de las mismas cosas que también veo») y depende de la activación de redes neuronales localizadas en parte en ambos lóbulos parietales y, de forma más específica, en el surco intraparietal, en tanto que la segunda, la habilidad para realizar un cálculo matemático exacto, está relacionada precisamente con las redes neuronales asociadas al lenguaje y, por consiguiente, son estas áreas del lenguaje localizadas principalmente en la corteza frontal izquierda las responsables de estas funciones. Es a partir de estos hallazgos, extraídos de la psicología, la neurociencia cognitiva y la neuropatología, que siempre han dejado perplejos tanto a psicólogos como a maestros, de donde surgen las preguntas más actuales acerca de la enseñanza en la escuela. Déjenme que en este contexto de las matemáticas apunte algunas preguntas. Por ejemplo, ¿qué combinación de los dos códigos matemáticos produce los talentos matemáticos más genuinos? ¿Podrían estos conocimientos ayudar a diseñar métodos capaces de ayudar y mejorar el estudio de la matemática? ¿Podrían estos y otros muchos hallazgos ayudar a niños con déficits en sus primeros pasos con la matemática? Sin duda, se abre un nuevo desafío intelectual constante.

5

DEL COLOR DE LAS MARIPOSAS AL PENSAMIENTO ABSTRACTO

¿Qué hace que a los niños se les llene el cuerpo de alegría cuando piensan en ese día que van a hacer una excursión? ¿Cuál es el porqué de esa alegría pensando en escapar de la pequeña cárcel que representa la clase donde se les enseña en el colegio? ¿Por qué muchos niños recordarán toda la vida cuando en una excursión el maestro les explicó el tamaño y las formas diferentes de muchas hojas, el significado multicolor de las alas de las mariposas o el espectro de colores del arco iris? Sin duda, porque ello significa activar los códigos cerebrales profundos heredados a lo largo de los tiempos en los que aprender y memorizar era consecuencia de la activación de los procesos emocionales que generan la curiosidad y, como consecuencia, abrir la ventana de la atención en espacios abiertos a todo aquello que es útil y sirve a la supervivencia biológica. Aprender, para un niño de hoy, en ese contexto lleno de sonidos tal vez ancestrales, de colores y formas diversas sigue siendo sencillamente placentero e intenso. Y eso es también el juego (ya lo hemos apuntado antes), un mecanismo emocional «disfrazado» con el que el niño adquiere habilidades y capacidades a través de la vorágine de cambios que realiza su cerebro a grandes velocidades.

Un corolario se puede sacar de todo esto. Y este es que todo comienzo del aprendizaje, el más temprano del niño, debería hacerse directamente, en contacto con la naturaleza, no entre cuatro paredes. Así nos lo revelan los códigos del cerebro y como estos han ido apareciendo a lo largo del proceso evolutivo. Y esta es quizá la primera enseñanza que deberíamos sacar de lo que venimos tratando en este libro y que llamamos neuroeducación. Lo primero que esto nos enseña es lo más obvio: que un niño no comienza a aprender con ideas y con abstractos, sino con percepciones, emociones, sensaciones y movimiento, obtenidos del mundo sensorial y como reacción al mundo real, fuente primigenia de los estímulos y primer maestro del niño. Es el mundo, y todo lo que hay en él y frente a él, lo que primero enseña al niño. Y aprender bien de ese mundo es básico, no solo cuando niño, sino después en las enseñanzas regladas y para el resto de su vida, pues estas sensaciones y percepciones y sus experiencias serán los cimientos de su futuro aprendizaje abstracto. El niño es una esponja que absorbe y recoge, como si fuera agua, todo lo sensorial que le rodea (los colores, las formas, los movimientos, las distancias entre los objetos, los sonidos y las texturas, el gusto y el olor de las cosas) y es en un constante aprendizaje como transforma y cambia su cerebro. Pero esto se sigue inmediatamente de un proyectar al mundo lo aprendido en donde lo contrasta y reaprende. El niño, a los pocos meses tras el nacimiento, gatea y explora su entorno, y en ese gateo y ese explorar aprende y graba en su cerebro los programas motores con los que más tarde, pasado el tiempo, podrá realizar un acto motor voluntario y coordinado. El aprendizaje es como el mito de Sísifo. Es un proceso de repetición constante con el que construye en «recuerdos inconscientes» los cimientos que luego le permitirán aprender conscientemente. Ese proceso de mirar, oír y tocar, sobre todo a través del juego, es el primer aprendizaje sólido infantil. Y todo ello conjugado con la inmediatez de esos significados emocionales que proporcionan los padres, y principalmente la madre. Y todo cobra «sentido de supervivencia», que quiere decir de seguridad en seguir vivo, a través de la «emoción», ese fuego que cincela y forja de realidad todo lo que se ve y se toca. Hoy empezamos a vislumbrar lo muy negativo que puede resultar para el cerebro de un niño de uno o dos años mantenerlo encerrado en una guardería cuando es bien sabido que las paredes de una guardería deberían ser jardines amplios y extensos llenos de «cosas», vivas o no, que se puedan oír, tocar, oler y aun hasta lamer y con las que el niño interactúe constantemente. Será con este andamiaje sólido con el que luego el niño construirá el edificio sólido de las ideas y el pensamiento abstracto.

Y es que nunca hay que olvidar el proceso de evolución biológica porque poco se puede entender en cualquier área del conocimiento sin tenerlo siempre presente. Y hay que tenerlo en cuenta para entender cómo el proceso de aprendizaje sensorial directo se transformó, con el aumento y la complejidad del cerebro, desde «pensar» con «unidades sensoriales concretas» (esa flor concreta que tengo delante de mí) a «unidades sensoriales abstractas» (el concepto de flor que yo tengo en la cabeza y que agrupa a todas las flores concretas que puedan existir y que, además, ella misma, esa «flor abstracta», no existe fuera en el mundo). Y esta transición tuvo posiblemente su inicio hace nada menos que 1,5 millones de años con aquel primer antecesor *Homo* que fue el *Homo habilis*. El cerebro del *H. habilis* posiblemente fue la cocina primigenia de la mente humana, esa máquina capaz de nombrar cosas «abstractas» y de planificar y decidir objetivos a alcanzar y comunicarlos. Y con ello pasar del lenguaje y el mensaje sensorial y emocional directo con signos y onomatopeyas, al mensaje simbólico, cifrado. Así se comenzaron a distinguir las cosas del mundo, nombrándolas no con el «viejo lenguaje emocional», sino con el «nuevo, no-ético»; es decir con una idea, un abstracto (siquiera rudo y elemental) y con ello la clasificación de esos abstractos de lo que vemos (flor, hoja, árbol), base elemental del conocimiento tal como hoy lo conocemos. ¿Acaso conocer no arranca claramente de distinguir y clasificar? Sin duda. Pero el mensaje importante a transmitir aquí es el de la transición y evolución de ese «concreto sensorial» al «abstracto de las ideas» para señalar lo importante que es aprender desde muy temprano y bien «lleno de realidad» lo sensorial directo, pues es eso lo que da fundamento sólido para elaborar y aprender bien y transformar después esos «concretos en abstractos». Este proceso de transición que hemos comentado para la evolución se recopila primero en el desarrollo ontogénico del cerebro humano y luego se sigue en los primeros años del niño ya en contacto directo con el mundo.

De todo ello ya se empiezan a sacar algunos principios básicos para la neuroeducación que deberían llevarnos a cambiar muchas cosas en el inicio del proceso de aprendizaje humano. Insisto en ello. A un niño de dos o tres años se le deberían enseñar los diferentes tipos de hojas, flores, plantas, animales y todos los infinitos registros de formas y colores en el campo, en la naturaleza y menos en el aula con dibujos ni tampoco con películas. El niño necesita en la formación inicial saber y aprender qué es una flor cogiéndola con las manos, mirándola directamente, oliéndola, apreciando y distinguiendo el tacto de los pétalos. Y distinguiendo, mirando el cielo, un azul de otro. Y todo ello, como acabo de apuntar, con la protección y el sentimiento emocional, con la sonrisa del padre o del maestro. Solo así no lo olvidará jamás y anclará, además, sus futuros conocimientos abstractos de una forma sólida, sobre cimientos perceptuales emocionales reales, directos. Solo así construirá luego las ideas de forma más consistente y procederá con ellas a las reflexiones y las construcciones racionales y las hipótesis de una forma más consolidada. Con tristeza se oye decir, cada vez con más frecuencia, que muchos niños que siempre han vivido en las grandes ciudades, como Nueva York o Chicago, no han visto nunca las estrellas brillantes en el cielo debido a la contaminación y a la potente iluminación de sus calles, plazas y rascacielos. Y aunque parezca extraño, también hay niños que no han visto nunca una vaca «real» pastando en los prados.

Y es que hoy, tras algunos miles de años de civilización, el niño se enfrenta, cada vez más temprano, con el aprendizaje de ideas y conceptos alejados de aquellos estímulos sensoriales activadores de los códigos más genuinos del cerebro y que venimos comentando. Y lo hace, además, encorsetado en clases pequeñas y con el rigor y la seriedad de maestros que se alejan de aquel «juego» primitivo que generaba aprender y memorizar de lo sensorial directo, base de la curiosidad, la atención y el despertar, como acabo de señalar. Para el ser humano aprender es hoy un proceso que, desde muy temprano, quizá demasiado, se ha llevado a unos niveles de abstracción y de tan alto calado intelectual y social que de alguna manera rompen con aquellas raíces inviolables, genéticas y evolutivas, con aquel origen que significó aprender y memorizar viendo el vuelo colorido y errático de las mariposas. ¿No convendría repasar y evaluar en qué medida los estímulos que se utilizan hoy para aprender activan con propiedad los códigos del cerebro más genuinos para esta tarea? Es posible que la neuroeducación, a la luz del proceso evolutivo, nos pueda ayudar a ello y sacar ventajas para llegar a aprender y memorizar mejor.

6

PROGRAMANDO ALEGRÍA: EMOCIÓN

La emoción es esa energía codificada en la actividad de ciertos circuitos del cerebro que nos mantiene vivos. Sin la emoción, sin esa energía base, nos encontraríamos deprimidos, apagados. Alguien con una emoción apagada no podría ver y darse cuenta ni siquiera de un elefante que pasase junto a él. Y esa emoción puede apagarse por muchas y variadas circunstancias en el niño o el adolescente, o en cualquiera que vive en sociedad. Cuando tal apagón ocurre en el niño, sus consecuencias para la vida en el colegio, para aprender y memorizar, son obviamente muy negativas.

La emoción, el origen de su propia palabra, indica movimiento, interacción con el mundo. Es esta una conducta que incluye todos los cambios que se producen en el cuerpo disparados por un amplio rango de estímulos que vienen de todo cuanto rodea al individuo (o que también pueden producirse desde la evocación de la memoria de tales estímulos) y que indican recompensas (placer) o castigo (dolor). Emoción es también el medio de comunicación más poderoso que existe y con el que se han mantenido vivas millones de especies animales (en particular los mamíferos, y más en particular, los seres humanos). El cerebro límbico o emocional y el tronco del encéfalo, y en ellas, principalmente, la corteza prefrontal orbitaria, amígdala, hipocampo, hipotálamo y la sustancia reticular activadora ascendente, son las dos grandes áreas cerebrales que albergan, principalmente, los circuitos neuronales que codifican para la emoción. Son circuitos que, mientras estamos despiertos, se encuentran siempre activos, en alerta, y nos ayudan a distinguir estímulos importantes para nuestra supervivencia.

Las emociones encienden y mantienen la curiosidad y la atención y con ello el interés por el descubrimiento de todo lo que es nuevo, desde un alimento o un enemigo a cualquier aprendizaje en el aula. Las emociones, en definitiva, son la base más importante sobre la que se sustentan todos los procesos de aprendizaje y memoria. De hecho, y hoy en neurociencia se conoce bien, las emociones sirven entre otras muchas funciones, y de forma destacada, para almacenar y evocar memorias de una manera más efectiva. Y es que a nadie se le escapa que todo acontecimiento nuevo asociado a un episodio emocional, bien sea de placer o de dolor, permite un mayor y mejor almacenamiento y evocación de lo sucedido. También la información emocional es básica para la elaboración de cualquier función mental y el buen funcionamiento de las relaciones sociales. Es más, las ideas, que son los átomos del pensamiento, que se elaboran en los circuitos neuronales de las áreas de asociación de la corteza cerebral, ya lo hacen impregnadas de significado bien sea placentero o doloroso o de la amplia paleta de colores emocionales que constituyen el mundo humano. Por tanto, la emoción es también un ingrediente básico del proceso cognitivo, del razonamiento.

Hoy comenzamos a saber que el binomio emoción-cognición (procesos mentales) es un binomio indisoluble. Y ello se debe al diseño del cerebro y a cómo funciona. Los abstractos, los conceptos que crea el cerebro, no son asépticos de emoción, sino impregnados de ella. Esto ya nos debe alertar acerca de la importancia de la emoción tanto para el que aprende como para el que enseña. El que instruye debe ser consciente de este mecanismo esencial (emoción) como vehículo de sus palabras si quiere que estas alcancen al que aprende de un modo sólido y convincente. Y esto hay que saberlo bien, máxime hoy que en nuestra cultura, en los colegios, incluso a los niños pequeños, se les enseñan conceptos cognitivamente complejos de modo aséptico, desconexionados tantas veces de significado emocional. Y esto es un error, pues nada se puede llegar a conocer más que aquello que se ama, aquello que nos dice algo.

Por eso son importantes las palabras y cómo se utilizan. Las palabras son el vehículo del conocimiento y este, en la enseñanza, debe ir siempre acompañado por la emoción. La palabra, aun hoy en día, de tanta accesibilidad a medios técnicos, sigue siendo el centro de toda enseñanza. El que enseña utiliza la palabra lo mejor que puede. Y a partir de la palabra, de cómo se utiliza y cómo se entona, se puede crear ese atractivo capaz de activar la atención del que escucha y aprende. Instrumento luminoso ya desde los tiempos de la Roma clásica. De la palabra, en la Roma de hace más de 2.000 años, decía Marcelino Menéndez Pelayo:

> El arte de utilizar la palabra en público con corrección y belleza sirviéndose de ella para simultáneamente agradar y persuadir, tuvo en Roma un uso temprano y prolongado. En Roma la oratoria impregnaba gran parte de la vida pública y su valor era reconocido en los tribunales (discursos judiciales), en el foro (discursos políticos) y en algunas manifestaciones religiosas (elogios fúnebres)...

Y termina don Marcelino:

> El arte de hablar bien se convierte también en un instrumento educativo de primera magnitud.

Pero no solo la emoción es relevante para la palabra y en esta no solo en la palabra hablada o en la escrita (en la lectura), sino también para las matemáticas. Nada de ello cobra vida y se articula con el razonamiento sin el pegamento emocional.

Y junto a esto, en la toma de decisiones, cualquier decisión se basa o tiene también un fuerte componente emocional. En el estudiante, adolescente o universitario, en particular, y en su oficio de aprender, las decisiones se toman cada día, cada hora, cada minuto, y desde elegir qué carrera estudiar en la universidad hasta ese cotidiano asistir o no a clase un día, estudiar por la tarde tras las clases de la mañana, con qué asignatura comenzar, o, dentro de la asignatura escogida, con qué tema hacerlo, y, dentro de ese tema qué trozo, según se sepa mejor o peor el tema, o presentarse o no al examen evitando o aceptando el castigo de un suspenso. Y así un largo etcétera donde miles de pequeñas decisiones se basan en las emociones, es decir, en lo que más nos gusta *versus* lo que menos, en el placer *versus* displacer. A todo lo que antecede hay que poner un añadido importante. Refiere a ese componente de las emociones, genuinamente humano, que son los sentimientos, esto es, a la reacción subjetiva de las emociones. Las emociones son mecanismos inconscientes. Los sentimientos son, por el contrario, la experiencia consciente de una determinada emoción. Y hasta donde alcanzamos a saber solo el ser humano experimenta sentimientos. Los sentimientos son el proceso que nos lleva a «conocer las emociones» a través del miedo, placer o frustración y encontrar esos sentimientos de bienestar ante muchas y diferentes situaciones personales (el trabajo bien hecho) o las hechas por otros (el aplauso de un maestro a un buen estudiante). Y a otros muchos sentimientos, como aquellos que, con el aplauso, refuerzan el esfuerzo del estudiante por conocer y mostrar esos nuevos conocimientos a los demás. Todo ello es de una poderosa influencia en el mundo no solo del que aprende, sino también del que enseña.

Hoy se habla mucho de un «apagón emocional» que ocurre en muchos niños en algún momento de su periodo escolar y que se ha relacionado con el hecho de vivir en una «sociedad estresada» cuyas consecuencias alcanzan a la intimidad de la familia y las relaciones familiares. El estrés genera un estado de acciones y reacciones personales de tensión constante. Cuando estos procesos se ponen en marcha de un modo lento, constante e insidioso, al niño le oprime una sensación de agobio mental inconsciente repetido a lo largo de los días, los meses y, quizá, los años. Lo cierto es que una vez entronizado este estilo de vida se instrumenta una respuesta orgánica patológica permanente. Y esto, producido por una miríada de factores, se vive en muchas familias y repercute en el niño, al que puede afectar en estructuras de su cerebro como el hipocampo, y por tanto, como señalábamos en capítulos anteriores, en su proceso de aprendizaje y memoria. Pero, además, algo tan importante como esto puede afectar a la emoción misma. Y a partir de ella sobre los mecanismos codificados, como la curiosidad y la atención. Por tanto, es con el apagón emocional cuando aparecen los problemas, muchos de ellos graves, en la conducta de los niños y que se expresan mayormente en el colegio y a la hora de aprender y memorizar. De ese entorno familiar puede nacer un niño con «estrés» no expresado en ninguna anormalidad cognitiva especial o hiperactividad o síntomas depresivos clásicos, sino simplemente con una cierta apatía manifestada con una atención baja, difuminada y dispersa y nunca demasiado pronunciada que repercuta en su rendimiento mental en el colegio. El estrés es ciertamente una actividad cerebral y conductual fisiológica y consustancial a nuestros estilos de vida durante millones de años. Pero los estilos de vida han cambiado en el hombre moderno y ello ha dado lugar a la patología del estrés. Y con ella, referido de nuevo a los niños, expresado en la posible falta de un sueño profundo suficiente y reparador, mecanismo cerebral esencial para producir y alcanzar la consolidación de todo lo aprendido de modo relevante durante el día (capítulo 13). Y a síntomas como la irritación y la desatención que hemos mencionado. Cuando este proceso se pone en marcha, altera la conducta del niño de un modo poco aparente.

Hoy se conoce un tratamiento efectivo y poco costoso que mejora los síntomas producidos por este tipo de estrés. Me refiero a la práctica del ejercicio físico aeróbico. Los efectos del ejercicio físico aeróbico funcionan a cualquier edad, desde el niño y el adolescente al adulto y el anciano. Este tipo de ejercicio practicado con regularidad rebaja las respuestas estresantes interejercicio y modula y cambia la configuración del cerebro en aquellas áreas que tienen que ver con el aprendizaje y la memoria. De esto se han dado cuenta los especialistas. Y frente a la idea, surgida hace unos años en particular en Estados Unidos, de que había que rebajar el número de horas semanales dedicadas a la «gimnasia y los deportes» y dedicarlas, en su lugar, al duro aprendizaje abstracto, ahora, de nuevo, a la luz de los beneficios que sobre el cerebro produce el ejercicio físico aeróbico, se ha regresado a la idea de potenciarlo y dedicarle tiempo suficiente en los colegios. Estudios recientes lo han venido poniendo de relevancia. Uno de ellos, en particular, resulta muy interesante. Fue un estudio realizado en Suecia, en el que se comprobó que en jóvenes, en el rango de edades comprendido entre los 15 y los 19 años, aquellos que practicaron ejercicio físico continuado y alcanzaron altas puntuaciones en esta materia también fueron los que obtuvieron una más alta puntuación en los tests que consideraron elementos como inteligencia global y verbal, y en general comprensión verbal y pensamiento lógico y matemático. Lo interesante de este estudio fue además que cuando muchos de estos jóvenes fueron evaluados 50 años más tarde (con independencia de que en el intervalo de estos años hubieran seguido o no haciendo ejercicio) aquellos que habían practicado ejercicio físico en su juventud demostraron tener mejores habilidades mentales durante el envejecimiento. Esto tiene que ver con lo que se conoce como «reserva cognitiva». Y es que hasta hace bien poco tiempo se pensaba que los efectos de la práctica del ejercicio físico sobre el cerebro no eran acumulativos. Es decir, se creía que el ejercicio físico realizado a edades tempranas no influía en absoluto (si luego no se seguía practicando) durante el envejecimiento tardío. Este no parece ser el caso a juzgar por las investigaciones más actuales.

En definitiva, todo aquello conducente a la adquisición de conocimiento, como la curiosidad, la atención, la memoria o la toma de decisiones, requiere de esa energía que hemos llamado emoción. Detectar fallos o un apagón emocional puede convertirse en una tarea central en el futuro neuroeducador.

7

UNA JIRAFA EN EL AULA: CURIOSIDAD

¿Qué hace que en una clase llena de alumnos atentos en la que el profesor está explicando el tema de una determinada materia, los alumnos, sin excepción, sean de escuela primaria o universitarios, jóvenes o mayores, cambien su foco de atención desde el profesor y lo que explica, hacia una jirafa que entrara en la clase por una puerta, tras pasearse por detrás de él, saliese por otra? ¿Qué despierta la jirafa que no tenga el profesor? Despierta simplemente curiosidad, uno de los ingredientes básicos de la emoción. La curiosidad, lo que es diferente y sobresale en el entorno, enciende la emoción. Y con ella, con la emoción, se abren las ventanas de la atención, foco necesario para la creación de conocimiento.

El mamífero, y el ser humano es un mamífero, es un animal curioso por naturaleza. Siempre está explorando e inspeccionando todo. Y en esa inspección tantas veces azarosa, descubre cosas nuevas, diferentes a lo cotidiano, bien sea al separar las ramas de un arbusto y descubrir a lo lejos un depredador o encontrar un nuevo árbol con frutas maduras (de hecho, la curiosidad ha sido definida como un deseo que lleva a conocer cosas nuevas). Con la curiosidad el animal o el mismo ser humano adelantan sucesos posibles, conocen lo que puede suceder antes de que ocurra. El cerebro emocional posee neuronas y circuitos que se activan cuando ese algo diferente asoma en el entorno, es decir, neuronas que responden al placer o el dolor que significa el estímulo sobresaliente visto. En definitiva, la curiosidad, permítanme decirlo una vez más, es el mecanismo cerebral capaz de detectar lo diferente en la monotonía diaria del entorno. Y con ello se presta atención a aquello que sobresale. Y si lo que sobresale es de significado para la supervivencia, se aprende y memoriza.

Hoy comenzamos a saber que nadie puede aprender nada, y menos de una manera abstracta, a menos que aquello que se vaya a aprender le motive, le diga algo, posea algún significado que encienda su curiosidad. Para aprender se requiere ese estímulo inicial que resulte interesante y nuevo. Y es entonces, como acabamos de señalar, cuando se enciende la atención de un modo poderoso. Precisamente el juego es, en los primeros años, la conducta que desarrolla el niño para aprender con el estímulo de la curiosidad. Jugar es un medio, una excusa, a través de la cual se aprende porque cada percepción, seguida de un acto motor, es siempre nueva, sobresale de la anterior, y refuerza así la curiosidad. El juego es un invento poderoso de la naturaleza. Solo hay que ver a dos niños jugando, o, para el caso, dos chimpancés o simplemente, unos monos o unos leones y comprobar el ensimismamiento en la tarea. El instrumento del juego, combinación de curiosidad y placer, es el arma más poderosa del aprendizaje. Todos los maestros y educadores, particularmente de escuela primaria pero también profesores de secundaria e incluso profesores de más altos niveles de docencia, buscan encontrar la fórmula docente que les permita encender, captar, la curiosidad de los alumnos en la clase. Y esto es importante, ya que los maestros están deseosos de que se les provea de instrumentos capaces de hacer curiosas sus enseñanzas, y si es posible, durante todo el tiempo que dura esta. ¿En qué medida la neurociencia podría descubrir esta forma curiosa de aprender, en la estructura de los propios colegios?

Lo cierto es que en el ser humano la curiosidad, ese deseo de conocer cosas nuevas, es el que lleva a la búsqueda de conocimiento no solo en general, sino en el contexto que estamos tratando aquí, es decir, el que se adquiere en el colegio, las universidades o en la investigación científica. Precisamente fue el padre de la neurociencia actual, el profesor Charles Sherrington, quien reconoció en la investigación científica el máximo de la curiosidad, a la que él llamó la «curiosidad sagrada». En cualquier caso, estudios recientes muestran que la adquisición de conocimientos, el llegar a conocer aquello que se busca con el estudio y el aprendizaje, comparte sustratos neurales con aquellas otras conductas que empujan a la búsqueda del agua o el alimento o la sexualidad; es decir, lo hedónicamente placentero. De ello se deduce que la curiosidad que se satisface a través del aprendizaje tiene como base cerebral el placer, lo que, a su vez, refuerza la idea de que la búsqueda de conocimiento y la toma de decisiones conducentes a obtener ese conocimiento es biológicamente placentero. Placer que no es simple placer «mental», sino que comparte los mismos circuitos y sustratos neuronales que los placeres biológicos.

Así pues, los circuitos cerebrales que se activan ante ciertos estímulos que encienden la curiosidad son aquellos que anticipan y adelantan la recompensa, o si se quiere el placer, y por tanto residen en el sistema límbico o emocional e incluyen estructuras como la corteza prefrontal, el núcleo accumbens, la amígdala, el hipocampo, el séptum, la corteza entorrinal, el hipotálamo y otras áreas en el tronco del encéfalo, algunas de ellas mencionadas en el capítulo anterior a propósito de la emoción. Algunos estudios han mostrado también la participación del núcleo caudado. Tiene especial interés un estudio utilizando resonancia magnética funcional en el que se ha visto que los individuos que muestran curiosidad ante estímulos o informaciones nuevas o relevantes activan al mismo tiempo que las áreas de la recompensa y el placer los sustratos neuronales del aprendizaje (corteza prefontal) y la memoria explícita (hipocampo), lo que refuerza la idea del papel positivo de la curiosidad en los procesos de aprendizaje y memoria.

Desde hace relativamente poco tiempo se habla de varios tipos de curiosidad. Por un lado, está la «curiosidad perceptual diversificada» (curiosidad básica que tienen los mamíferos en general y el ser humano en particular), que es aquella fuerza que lleva a salir del aburrimiento, el aislamiento y que se enciende en respuesta ante determinados estímulos interesantes, no específicos, que sobresalen del entorno. Y por otro, la «curiosidad epistémico-específica», que refiere a aquella otra que lleva a la búsqueda específica de conocimiento, a saber o querer aclarar algo concreto, que se estimula ante la incertidumbre o el conflicto racional o conceptual y que se satisface cuando este conocimiento se alcanza o el conflicto se resuelve. En otras palabras, la curiosidad epistémico-específica sería aquella asociada a la búsqueda de una información en el contexto del estudio o de una labor académica o la secuencia en los procesos de descubrimientos científicos.

En estudios recientes se ha resaltado la importancia de fomentar en los primeros años de los niños en el colegio la curiosidad primitiva, primigenia, básica, que muestra expectación por lo nuevo y diferente, como un primer mecanismo útil que lleva a aprender y memorizar mejor, y también para seguir después, y luego repercutir o enlazar con esa otra curiosidad más específica, la que refiere al estudio, al conocimiento abstracto. Como cualquier maestro sabe, no todos los niños son igual de curiosos. La curiosidad puede darse como rasgo espontáneo de la personalidad de algunos niños y tener grados diferentes, pero también es cierto que hay niños no especialmente curiosos. En los niños que son curiosos, como rasgo personal se han detectado ciertos aspectos conductuales. Se dice que un niño manifiesta una curiosidad espontánea en la escuela primaria cuando:

1) Reacciona de un modo positivo, con alerta, a algo que a su alrededor resulta nuevo, extraño, incongruente o misterioso y hace que se mueva y oriente hacia ello para explorarlo o manipularlo.

2) Muestra una necesidad o un deseo de saber más acerca de sí mismo o de las cosas que le rodean.

3) Explora espontáneamente, busca y husmea a su alrededor en busca de nuevas experiencias.

4) Persiste en la exploración y examina los estímulos que aparecen en el entorno para saber más sobre ellos.

En el segundo caso, provocar la curiosidad en aquellos niños que no la tienen espontáneamente, siempre ha sido un problema con mucha enjundia. Se han propuesto algunas estrategias que ayudan a encender la curiosidad y que utilizadas con matices diferentes han sido empleadas por muchos docentes, desde la escuela primaria hasta la universidad. Entre ellas se encuentran las siguientes:

1) Comenzar una clase con algo provocador, sea una frase, un dibujo, un pensamiento o con algo que resulte chocante (el ejemplo de la jirafa con el que iniciamos este capítulo).

2) Presentar un problema cotidiano que lleve a despertar al alumno al principio de las clases: «Al venir hoy a clase he visto en el parque una fila de árboles todos pintados de azul, a qué creen ustedes que puede deberse este fenómeno? ¿Qué intención tiene quien lo ha hecho?

3) Crear una atmósfera para el diálogo por parte de los alumnos en la que estos se vean relajados y a gusto y no cuestionados sobre si sus preguntas son tontas o sin ningún interés.

4) Dar el tiempo suficiente para que algún alumno desarrolle un argumento y se vea con ello motivado a encontrar la solución ante los demás del problema que plantea.

5) En un seminario y sobre un tema concreto no preguntar sobre un problema, sino incentivar al estudiante a que sea él quien plantee el problema de forma espontánea. Ello estimula su propia querencia, autoestima y motivación personal.

6) Introducir durante el desarrollo de la clase elementos que impliquen incongruencia, contradicción, novedad, sorpresa, complejidad, desconcierto e incertidumbre.

7) Que los grados del punto anterior sean los adecuados sin provocar ansiedad en los alumnos.

8) En seminarios o clases prácticas procurar la participación activa del estudiante y su exploración personal.

9) Reforzar el mérito y el aplauso ante una buena pregunta o resolución de un determinado problema.

10) Modular pero no dirigir la búsqueda de una respuesta por parte del alumno y menos proporcionar la resolución del problema.

La conclusión que se alcanza con todo esto es tratar de inyectar curiosidad en los estudiantes y con ello fomentar su disposición a aprender. Es evidente que los significados que encienden la curiosidad varían en relación con la edad, la hora del día, el estado del organismo y cuanto sucede en el medio ambiente, físico, familiar y social. Esto último no es baladí a la hora de sacar ventaja de estos mecanismos para aplicarlos a la enseñanza, más específicamente en la escuela.

8

LA VENTANA DEL CONOCIMIENTO: ATENCIÓN

La atención es como una ventana que se abre en el cerebro a través de la cual se aprende y memoriza la información que procede del mundo que nos rodea. Sin atención no hay aprendizaje ni memoria explícita ni conocimiento (saber que ayer por la tarde vi a Juan (hechos temporales) cuando salía de casa (espacio) y me contó que estaba leyendo a George Orwell (conocimiento). La atención es el mecanismo cerebral que se requiere para ser consciente de algo. El mecanismo de la atención consigue el ensamblaje funcional de neuronas dispersas de corteza cerebral y tálamo activando el mecanismo de la conciencia. Aprender y memorizar, al menos en lo que se refiere a la enseñanza, requiere de ese foco preciso absoluto que es la atención.

Y repito de nuevo, nadie duda que para ser un buen enseñante, un buen profesor, a cualquier nivel académico, desde la escuela primaria a los más altos niveles universitarios, uno de los requisitos fundamentales es tener la capacidad de captar la atención de los alumnos. Sin atención no hay aprendizaje. Y esa capacidad nace (lo acabamos de ver en el capítulo anterior al hablar de la curiosidad) de la habilidad del profesor para convertir la clase en un cuento, una historia, creando una envoltura curiosa, atractiva, cualquiera que sea la temática que trate. Es decir, una historia con un principio que ilumine al tiempo que provoque, un desarrollo que interese (introduciendo novedad, sorpresa, complejidad) y un final que resuma lo dicho y despierte el interés por la clase siguiente (creando cierto grado de expectación y futura recompensa). La atención es como un foco de luz que ilumina lo que hay delante de nosotros y lo distingue, lo diseca de todo lo demás. Fuera de ese foco queda la penumbra y en ella apenas si se puede distinguir algo. Ese foco se enciende después del chispazo, de ese encendido emocional que ya hemos comentado y que se llama curiosidad. Y con la atención, como con las percepciones, se aprende y memoriza. Ese foco atencional tiene que estar encendido durante al menos 65 milésimas de segundo (entre 65 y 250 milésimas de segundo) para grabar y aprender un percepto. Precisamente aprender, ser consciente de algo, requiere un cambio constante pero secuencial de ese foco de atención, siendo cada acto singular y único. No se pueden aprender dos cosas diferentes al mismo tiempo.

Sabemos bien que para que un alumno preste atención en la clase no vale simplemente pedirle o exigirle que lo haga. Esto sirve de bien poco, sobre todo si el profesor es aburrido pero también con un profesor activo y un tema que a priori fuera interesante. La atención hay que evocarla por mecanismos que la psicología y la neurociencia cognitiva comienzan a desentrañar. Uno de ellos, si no el principal, es evocar la curiosidad en el alumno por aquello que se le explica. La atención sigue a la curiosidad sin necesidad de pedírselo al alumno. Y después es cuando se sigue con el proceso activo, eficiente, de aprendizaje y memoria. Ello está llevando a la búsqueda de métodos y recursos capaces de evocar la atención en los alumnos como los descritos en el capítulo anterior sobre la curiosidad. Métodos que deberían eventualmente ser adaptados a los mecanismos cerebrales específicos de cada edad en los niños y las materias que se enseñan. Métodos asociados a la recompensa y no al castigo. Hoy la neurociencia nos enseña que la atención no es, como hasta hace poco se pensaba, un mecanismo cerebral singular único, sino que hay «atenciones diferentes» con procesos cerebrales diferentes. Hay una atención base, aquella que cuando estamos despiertos, conscientes, nos permite estar alerta o vigilantes, pero sin foco preciso; otra de foco fijo, absorbente; otra orientativa, también otra que es ejecutiva, y por último se habla de una atención inconsciente virtual, global.

Todo el mundo tiene la experiencia de sentirse despierto y ser capaz de responder a cuanto sucede en el medio ambiente sin focalizar en ello una atención intensa. Es una atención constante, tónica y que aun dispersa permite reaccionar en cualquier momento. Esta sería una atención básica, la más primitiva. Es muy dependiente del estado de vigilia-sueño del individuo y su sustrato cerebral principal es la activación de la sustancia reticular activadora ascendente del tronco del encéfalo. Por otra parte, mucha gente ha estado en la situación de recibir una amenaza física, ya sea de otra persona o de un perro agresivo que enseña los dientes. Pues bien, ante esta situación todos recuerdan la reacción excitada, de inseguridad y hasta el miedo que han sufrido. Es más, si uno hace el esfuerzo de evocar mentalmente aquel episodio y piensa sobre ello un momento, reconocerá que miraba a la persona o al perro atacantes casi fijamente, sin distracción posible, atento a sus gestos y expectante ante un posible ataque. Es una atención absorbente, fija, mantenida por un estado de alerta constante.

También muchos han vivido la experiencia de ir a esperar a alguien que llega en un tren. Si ese alguien es muy querido y no se le ha visto en mucho tiempo, es fácil intuir que quien espera se encuentra en una situación expectante. Incluso como en el caso anterior, se puede encontrar en un estado de alerta. De pronto, con la llegada del tren pueden asomar a la plataforma de la estación más de cien personas. Quien espera trata de mirar sus caras, saltando con su atención y a gran velocidad, de una a otra, con la obvia finalidad de identificar a la persona que está esperando. Su foco de atención no es fijo, como en el caso anterior, sino de orientación y cambio constante. También prestamos mucha atención cuando estamos estudiando o tratamos de resolver un problema, sea matemático o de cualquier otra naturaleza. En este caso se requiere de una atención sostenida, secuenciada a lo largo del proceso de razonamiento, como si tuviéramos un foco de luz que va iluminando las líneas del libro que tenemos delante, que son diferentes, y resaltando en ellas los elementos conceptuales que nos llevan a resolver o entender lo que intentamos aprender. Se trata de una atención ejecutiva. Esta sería una atención con matices diferentes a los dos ejemplos anteriores, pues es una atención que no es fija, pero tampoco orientativa, que cambia el foco atencional, persiguiendo identificar un objeto o una cara ya conocida. Este tipo de atención es un proceso que aun cuando constante puede trocearse en tiempos, es decir, dejar de estudiar y volverlo a hacer poco tiempo después sin perder el hilo mental de lo que se estudia. Es una atención a través de la cual se resaltan errores o equivocaciones y aciertos o afirmaciones. Es algo muy parecido, aunque con algún matiz diferencial, a la atención con la que seguimos la palabra de un profesor que trata de hacernos entender, a través de la secuencia lógica de sus argumentos, el tema que expone. En este último caso es una atención (la que se presta al profesor durante una clase) que aun cuando sostenida con el foco puesto en el hilo argumental, sin embargo puede ser interrumpida, pues el profesor puede entremezclar en su razonamiento ejemplos e incluso anécdotas, sin relación alguna aparente con lo anterior.

Hasta hace muy poco se pensaba que todas estas «atenciones» cuyos ejemplos acabamos de describir obedecían a la activación de un mecanismo cerebral único que se ponía en marcha cada vez que el individuo lo necesitaba. Es decir, en todos los casos el individuo «prestaba atención» y punto. Y que ello se debía al reclutamiento de una red y circuitos neuronales comunes a todos estos tipos de atención. Hoy sabemos, por el contrario, que la atención es un conjunto de «atenciones diferentes cerebrales» para cada serie de conductas y tareas distintas. Y, de hecho, en los casos concretos que hemos descrito, se trata de redes y circuitos neuronales específicos que generan modos de atención específicos (lo que no quiere decir que estas redes funcionalmente individualizadas no tengan una interconexión anatómica y funcional entre ellas).

Volviendo a los tres últimos ejemplos antes expuestos valdría la pena ampliar algo más las diferencias que existen en estas redes cerebrales. Por ejemplo, en los casos de alerta ante una amenaza, la atención mantenida, fija y vigilante ante la causa del peligro (perro) es producida por redes que tienen su centro de control principal en áreas cerebrales que participan en funciones cognitivas de intención-acción (corteza cingulada anterior) y regiones frontales y parciales y la activación general de toda la corteza cerebral, a través de la sustancia reticular ascendente del mesencéfalo. En el segundo caso, las redes de atención orientativa, que se activan cuando el individuo trata de identificar una cara de modo muy rápido y de manera constantemente cambiante, son áreas cerebrales que procesan la información visual de forma inconsciente a través de estructuras y núcleos como el pulvinar y el colículo superior. También, de modo paralelo, se activan vías neurales que transportan información hacia otras áreas de la corteza visual y que alcanzan la consciencia, como el giro fusiforme (estructura que alberga nodos y neuronas que participan en la construcción neuronal de las caras). En el último caso, el de la atención selectiva para el estudio, la atención ejecutiva de foco intenso aun cuando cambiante, requiere de redes neuronales en las que participan varias áreas de la corteza prefrontal (planificación y toma constante de decisiones en el proceso de cambiar estrategias mentales ante un error), y en particular la corteza prefrontal dorsolateral (memoria de trabajo) y la corteza cingulada (anterior y posterior) en actividad concertada con el sistema límbico (emociones y toma de decisiones).

El conocimiento de todos estos hallazgos, sin duda sorprendentes hasta hace tan solo unos pocos años, permite plantear la hipótesis acerca de su utilidad o beneficio tanto para aprender y memorizar mejor como para enseñar mejor e, incluso, realizar entrenamientos programados (juegos, vídeos, tests de concentración) que permitan mejorar déficits en la atención que interfieran con el aprendizaje de los niños en el colegio. Se ha visto, por ejemplo, que las redes neuronales sustrato de la atención ejecutiva, aquellas que se activan para el estudio, son de una enorme plasticidad, es decir, capaces de cambiar su funcionamiento neuronal con el entrenamiento y ello puede servir para el tratamiento de ciertos síntomas atencionales de los niños. Precisamente hay ya estudios en psicología y medicina que muestran que un entrenamiento utilizando métodos y tests adecuados para este tipo de atención ha sido efectivo en el tratamiento de procesos como el trastorno por déficit de atención e hiperactividad en los niños o el mismo síndrome de Tourette y otros síndromes de déficit atencional más selectivos (capítulo 18). Estas redes de atención específica para el estudio (atención ejecutiva) tienen su punto máximo o ventana plástica para ser moldeables en los primeros años del desarrollo, entre las edades de cuatro a siete años. Pasada esa edad son más resistentes al cambio, menos flexibles, como se ha demostrado en niños entre ocho y doce años. Un estudio acaba de mostrar esta plasticidad en niños de cuatro a siete años con solo un entrenamiento específico de cinco días. Se trata de niños normales y sin déficits para la atención en los que, tras el entrenamiento correspondiente, se comprobó una mejora en su capacidad atencional e incluso un aumento de su coeficiente de inteligencia. E, igualmente, también se lograron efectos similares en niños que padecen déficit de atención e hiperactividad sometidos a estos entrenamientos de atención específica y en estas mismas edades (capítulo 18). Todo ello nos habla de las enormes consecuencias que el conocimiento de estas redes neurales puede proporcionar, no solo a la medicina y los posibles tratamientos de los niños con trastornos atencionales y motores, sino para mejorar la atención en niños que no los padecen.

Los efectos beneficiosos del tratamiento conductual de los niños no solo se han visto en la atención para el estudio, sino en general para los procesos que hemos llamado de atención de orientación (la atención que se requiere para identificar rápidamente una cara entre muchas otras o entre una serie diferente de objetos). Estas redes para la atención de orientación tienen ventanas plásticas diferentes a las de la atención ejecutiva y se forman antes. En cualquier caso, y a la hora de los tratamientos conductuales que hemos señalado, la impronta genética es importante en el sentido de que influye a la hora de obtener con ellos un completo éxito, menos éxito o un rotundo fracaso. Y de lo que no cabe la menor duda es de que todo lo que hasta ahora sabemos sobre este tema nos indica que aun habiendo una poderosa interacción genes-medio ambiente (casi como en toda función cerebral sea normal o patológica) los tratamientos conductuales pueden ser de un enorme beneficio médico en muchos casos.

Todos estos nuevos conocimientos llevan a la idea, que ya hemos mencionado antes, de que cabe la posibilidad de que haya muchos otros subsistemas neuronales de atención que se activen en el caso del estudio y aprendizaje de materias muy complejas. E incluso conocimientos que permiten desbrozar «nuevos matices» en las redes neuronales conocidas y que pudieran ser específicos para estudiar mejor matemáticas y de modo diferente medicina, derecho o historia. De hecho, hoy se piensa que los sustratos neuronales de la atención no son iguales en el niño y el adulto, e incluso en el niño para cada edad y aun para cada tema diferente. Y es que lo que se entiende por «tiempo atencional» (tiempo total de una clase durante el que se requiere la atención completa y casi continua del alumno) no es el mismo para las diferentes etapas y edades que componen el arco vital del individuo humano. Precisamente conocer los «tiempos cerebrales» que se requieren para mantener la atención a cada edad o periodo de la vida puede ayudar a ajustar «los tiempos de atención reales» durante el aprendizaje en clase de una manera más eficiente. De ser así podrían desarrollarse entrenamientos selectivos que redundaran en una mayor eficiencia en el estudio de estas materias.

Un capítulo final refiere a aquella última atención que llamamos «inconsciente», «virtual», «global» u «holista» y que tendría que ver con una faceta de la creatividad humana, con el conocimiento nuevo (capítulo 20). Una atención claramente diferente a la atención ejecutiva que se requiere, como acabamos de señalar, para el estudio «consciente» y con la que se llega a resolver un problema determinado siguiendo un hilo específico de razonamiento. La neurociencia actual sabe muy poco acerca de este otro tipo de «atención cerebral» que muchos individuos «geniales» utilizan para resolver problemas altamente complejos. Me refiero a situaciones en las que una persona ante un problema y durante su proceso de resolución y atención focalizada, alcanza un punto en el que sabe, es consciente, de la imposibilidad de continuar y abandona. Lo curioso es que si el problema es altamente motivador, el cerebro sigue trabajando en él, bajo el foco de otro tipo de atención, esta vez inconsciente. Y es con esta otra atención con la que finalmente algunas veces se puede alcanzar la solución, como fue el caso de Arquímedes, que se explica en el capítulo 10. Todos estos mecanismos de la atención, en particular los dos primeros descritos en este capítulo, nos han servido para sobrevivir a lo largo de millones de años. También los dos últimos, por supuesto, pero estos han tenido un valor más «humano», más social, más como sustrato del pensamiento abstracto y creativo. Estamos a las puertas de conocer el valor de esas otras «atenciones» y de sus posibles métodos de entendimiento específico para aprender y enseñar mejor.

9

DISTINGUIENDO Y CLASIFICANDO: APRENDER

Aprender es una de las conductas (conscientes o inconscientes) más viejas del mundo. Aprender es innato. Aprender es intrínseco al proceso de la vida misma, un proceso consustancial a la supervivencia, como lo es comer, beber o reproducirse, y aun esto último requiere de un proceso de aprendizaje particularmente en primates y humanos. Aprender es, en su esencia, ser capaz de sobrevivir. Y sobrevivir es la ley suprema de todo organismo. Aprender es un proceso cuya maquinaria molecular genética ya existe en los seres unicelulares y desde luego un proceso molecular enormemente elaborado en los seres con sistema nervioso, comenzando con los invertebrados. Un caracol, por ejemplo, ya tiene una poderosa maquinaria neuronal con la que aprende a distinguir «lo bueno» (acercándose a estímulos recompensantes, como puede ser el alimento) de «lo malo» (alejarse de aquellas fuentes que producen daño) en su entorno.

Un ser vivo que no aprende, o aprende mal, es un ser vivo que perece pronto, aun estando a resguardo de sus congéneres. Con el proceso evolutivo, primero con la aparición de los ganglios neuronales y después con los cerebros más complejos, se han elaborado códigos que vienen impresos en el genoma de cada especie y que empujan al aprendizaje. Cuando se nace, aprender es el primer mecanismo cerebral que se pone en marcha para adaptarse al medio ambiente. Una gacela inmediatamente tras nacer ya pone en marcha los mecanismos innatos, genéticos, que, en interacción con ese medio ambiente que le rodea, le permiten «aprender» y pronto consigue, en menos de 15 minutos, correr alrededor de su madre. Es más, la gacela «aprende» en esos pocos minutos, no a correr alocadamente por la pradera expuesta a los depredadores, sino a hacerlo muy estrechamente alrededor de su madre. «Aprende» pronto que la madre representa protección y defensa. Aprendizaje que amplía y desarrolla con rapidez extendiéndolo a otras conductas dirigidas siempre primero a mantenerse viva y después a preservar viva su especie. Pero para aprender hay que estar en contacto permanente con el mundo, «vivir» la sensorialidad del mundo y «tocarla», expresar la conducta con el movimiento. Ninguna gacela aprendería nunca a correr como sus congéneres si tras el nacimiento se la aislara de su entorno natural y se tratara de enseñarla a correr solo mostrándole reportajes y películas de cómo lo hacen otras gacelas. El contacto directo con el mundo físico, a través de la conducta, es un acto motor necesario, absolutamente imprescindible, para que los códigos genéticos se pongan en marcha y lleven el aprendizaje a la gacela. Y eso incluye, como ya se he señalado, a toda otra serie de ingredientes necesarios para aprender, que van desde el componente sensorial y emocional al componente motor.

En su esencia, el proceso de aprendizaje básico del ser humano no es muy diferente al de la gacela. Y esta es ya una enseñanza que proviene no solo de la biología molecular y el conocimiento de cómo funciona el cerebro, sino del conocimiento del propio proceso evolutivo. Y es que la gacela y el niño, o para el caso cualquier mamífero, comienza aprendiendo a través del juego. El juego en el niño se produce utilizando esos mecanismos de la curiosidad que están conjuntados, ya lo hemos dicho en capítulos anteriores, con la emoción, la recompensa y el placer. El juego es el mecanismo inventado por la naturaleza a través del cual el niño aprende y adquiere habilidades y capacidades de un modo eficiente y que le hacen más apto en el mundo. Es el proceso por el que en las primeras edades se realizan casi todos los aprendizajes positivos posibles. Solo hay que observar la conducta de un niño, de dos o tres años, ante un juguete. Lo que el niño está haciendo en su juego es obedecer a mecanismos de su cerebro que le llevan a experimentar en todo aquello que le resulta curioso, y, con ello, aprender del mundo, aprender a tomar medida «motora» de las distancias entre los objetos y entre su propio cuerpo y los objetos que hay alrededor, y construir programas neuronales en su cerebro que utilizará más adelante para realizar con seguridad y precisión una determinada conducta. Y del mismo modo que las habilidades motoras, el niño desarrolla las habilidades perceptivas, discriminativas, despertadas por los estímulos sensoriales que le rodean a través de la visión o el tacto. El niño juega porque le produce placer hacerlo, sin «saber», por supuesto, que es el mecanismo diseñado por la naturaleza para empujarle a aprender. Todo niño experimenta una necesidad (la de aprender) que le empuja al juego y que solo sacia con el juego, puesto que este es placentero. El placer es el mecanismo último con el que se disfraza el aprendizaje, que es lo que le permitirá conseguir los objetivos que la naturaleza le demanda, lo mismo que cuando siente hambre le empujan a comer. El juego, pues, es el mecanismo mediante el cual el niño, aprendiendo, cambia su propio cerebro y con ello enfila su camino hacia la pubertad, la adolescencia y la juventud. Aprender es, en su esencia, el proceso en virtud del cual se asocian cosas, sucesos en el mundo, se distinguen cosas (perros de gatos y de sillas), se clasifican cosas (animales de objetos) y gracias a lo cual adquirimos nuevos conocimientos.

Valga como ejemplo más interesante y significativo el siguiente experimento realizado por mí mismo. Si a un mono se le muestra una jeringa y luego se le aproxima a la boca y con ella se le da a beber un líquido azucarado, el animal pronto asocia la forma de la jeringa con algo bueno y placentero. El mono, cada vez que se repite esta operación, se abalanza con la mano, coge la jeringa y se la acerca a la boca. Si tras este aprendizaje a este mismo mono se le muestran de modo alternativo dos jeringas esta vez de colores distintos, una blanca o gris y otra de color azul, conteniendo la primera el líquido azucarado y la segunda una solución salina (que es un líquido aversivo para el animal), al principio responde ante la visión de ambas jeringas como si las dos contuviesen el líquido azucarado. Tras probar el contenido de las dos jeringas varias veces, al cabo de algún tiempo el mono se abalanza sobre la primera jeringa pero no sobre la segunda que rechaza. El mono ha aprendido claramente a distinguir entre el color de las dos jeringas y las ha clasificado basándose en su significado («bueno» o «malo») y sus colores. Pero también es aprendizaje «desaprender» una respuesta previamente aprendida. Por ejemplo, si a un mono en el laboratorio se le muestra un cacahuete cuya forma no ha visto nunca antes y se le da a comer, rápidamente aprende a reconocer su forma y asociarlo como algo «bueno» (comida), y cada vez que se le muestre se abalanza sobre él, lo coge en las manos y se lo lleva a la boca. Pero si a ese mismo mono se le muestra el mismo cacahuete y no se le deja cogerlo y esa frustrante operación se repite durante varias veces, el mono pronto aprende que aquel cacahuete ya no representa comida y deja de interesarse por él. El mono ya no asocia el cacahuete con refuerzo.

Aprender y sus mecanismos es la esencia de todo este libro. Y por ello el aprendizaje, de una u otra forma o perspectiva, se encuentra esparcido a lo largo y ancho de cada capítulo. En el capítulo 3, por ejemplo, vimos que el niño aprende temprano, desde el mismo nacimiento, si no antes, de muchas maneras. Aprende de modo computacional, inconsciente nada más nacer. Aprende mimetizando lo que hacen los padres, los maestros u otros niños. También lo hemos comentado. Aprende a compartir y ver en los demás, «otros» que son como él mismo pero diferentes y con los que se comunica primero a través de la emoción y la empatía, y luego con la palabra. Y aprende, al mismo tiempo que esto último, a distinguir, clasificar y adquirir conocimiento. Conocimiento que le lleva a saber que es un niño y no un gato. Y que un gato no es un pájaro y que entre los gatos los hay grandes, enormes y con manchas que se llaman tigres y otros pequeños, de colores, formas y conductas diferentes. Y es con ese proceso de clasificar y subclasificar con el que se expande su conocimiento consciente en el mundo.

Pero el niño también aprende cómo mover los brazos de modo coordinado, aprende a mantener la postura erecta. Se aprende a ser preciso en los movimientos que nos llevan a coger las cosas de nuestro entorno con seguridad. Se aprende a hablar y a manejar el idioma materno con soltura e incluso otros idiomas al mismo tiempo. Y se aprende a montar en bicicleta o a caballo y a conducir un coche. El ser humano en particular es una máquina de aprender constante, desde el nacimiento hasta la muerte. Y es a través de todos estos aprendizajes que el ser humano cambia constantemente en su conducta y su pensamiento como consecuencia de cambiar su propio cerebro.

Ya hemos visto que hay muchos tipos de aprendizaje. Uno del que somos conscientes mientras aprendemos (asociar ideas, sacar un hilo de razonamiento con ellas, deducir, comparar, hacer matemáticas), es decir, un proceso que refiere a la asociación de hechos y sucesos con el tiempo y que podemos evocar y contar tras memorizarlo. Es el aprendizaje explícito. Su sustrato neural está radicado en muchas áreas de la corteza cerebral (corteza prefrontal y temporal) y también del sistema límbico (hipocampo). Y otro, el aprendizaje implícito, que es inconsciente, es decir, en él no se puede evocar verbalmente lo aprendido, pues no requiere de los procesos cognitivos conscientes del aprendizaje explícito. En este aprendizaje implícito el proceso es automático y requiere tiempo y repetición y con él se adquieren habilidades visuo-motoras (montar en bicicleta). Participan en él áreas cerebrales como la corteza cingulada anterior, los ganglios basales, cerebelo y corteza premotora. Es este último un aprendizaje filogenéticamente antiguo, ya ocurre en los animales desde hace millones de años. Por ejemplo, la adquisición de muchos hábitos es un mecanismo de aprendizaje inconsciente. El individuo no sabe propiamente que está aprendiendo, como tampoco lo sabe el niño cuando está jugando y aprendiendo a medir distancias entre los juguetes que utiliza y que están esparcidos a su alrededor. Si alguien se dedica a apilar troncos por primera vez en una leñera y lo hace de una manera ordenada y todos los días, al cabo de poco tiempo lo hará más rápido y con más eficiencia. Lo mismo ocurre si se le indica que redibuje todos los días con un lápiz los contornos de algunas figuras, pues también al cabo de unos días lo hace más rápido y con más precisión. El cerebro de estas personas ha aprendido sin que sean conscientes de ello. E igual ocurre si a alguien se le da una página que contenga una secuencia de letras y se le pide que las ordene de alguna manera. Pero no se le dice nada más. Las letras, sin que la persona lo sepa, ya vienen con ciertas reglas de ordenamiento. Por ejemplo, en la lista se puede ver que hay varias secuencias que se repiten a intervalos (por ejemplo, la «D» siempre viene seguida de la «X»). Pues bien, lo curioso es que la gente pronto capta esta regularidad, sin estar segura de que esto pueda ser lo que se le pide, y tiende a colocar todas las «D» y las «X» juntas donde no lo están. Pero si luego se les da otra secuencia diferente de letras donde ahora la «D» se sigue de la «Z» muchos pronto se dan cuenta y las ordenan de esta otra manera. Es decir, se ha roto la primera regla (D-X) y se encuentra otra nueva (D-Z). Pues bien, las personas expuestas a este proceso adquieren las nuevas reglas de modo cada vez más rápido. La persona sin saberlo, inconscientemente, ha aprendido. Se ha visto que varias áreas del cerebro son responsables de este aprendizaje, como la corteza promotora (repetición en la secuencia de un acto motor aprendido) y la corteza cingulada anterior (convergencia, percepción-emoción-acción). Hay otros aprendizajes, como el procedural (el de conducir un coche) en el que participan otras estructuras cerebrales, como el cerebelo y los ganglios basales. Todos estos aprendizajes implícitos difieren de esos otros explícitos como saber dónde existe un tramo de carretera peligroso y participárselo a alguien.

Como veremos en el capítulo siguiente, a propósito de la memoria, existe una interacción entre estos dos tipos de aprendizaje (explícito e implícito). Por ejemplo, moverse en un espacio conocido implícitamente (o de modo no consciente), como la propia casa y los estímulos sensoriales que existen en ella, facilita el aprendizaje y las memorias explícitas creadas en ese mismo entorno. Un buen ejemplo es, quizá, la relativa facilidad con que niños o adultos expuestos a un ambiente multilingüe aprenden otros idiomas (los niños, por ejemplo, que van a los colegios europeos donde se congregan niños de muchas nacionalidades). En cualquier caso, aprender y memorizar es una unidad neurobiológica. Por eso algunas formas de aprendizaje las he dejado para ser explicadas en el siguiente capítulo de la memoria. Y es que no hay aprendizaje sin memoria en el cerebro y por ende en la conducta. Lo vemos a continuación.

10

GUARDANDO LO APRENDIDO: MEMORIA

Memoria es el proceso por el que retenemos lo aprendido a lo largo del tiempo. En el ser humano la memoria, además de ser base de la supervivencia, como en todo ser vivo, es el vehículo por el que se transmiten los conocimientos y se crea cultura. Memoria es, también, evocar lo aprendido cada vez que queramos y hacer uso de ello, bien en el contexto de una conversación, en un acto de conducta o simplemente en un proceso mental consciente determinado. Pero la memoria no es un evento cerebral único que está detrás de todo aquello que se aprende, sino que (del mismo modo que ocurre con el aprendizaje) hay varios sistemas o tipos de memoria, unos son conscientes y otros no. Las memorias conscientes refieren a hechos o sucesos ocurridos que podemos evocar y contar, son memorias declarativas (explícitas); por ejemplo, dónde y qué conversación mantuve ayer con un amigo. Este tipo de memoria es la que suele referir, de modo más general, a lo que propiamente es la memoria humana, aquella de la que hablamos todos los días y que se pierde o deteriora con la edad o debido a enfermedades neurodegenerativas, como las demencias. Dentro de este tipo general de memorias explícitas se incluyen muchos otros, dependiendo, por ejemplo, del tiempo que seamos capaces de retener y evocar un suceso. Una de ellas es la memoria a corto plazo, que nos hace capaces, por ejemplo, de retener un número de teléfono por un corto periodo de tiempo. Todos tenemos la experiencia de que mantenemos en nuestra memoria el nuevo número de teléfono solo el tiempo que nos permite marcarlo en el aparato y tras ello se olvida. Pero hay otras muchas memorias conscientes, desde las que nos permiten recordar un suceso toda la vida (memorias a largo plazo) hasta aquellas otras que pueden durar la ráfaga de un segundo y decaen o se pierden del mismo modo (memoria icónica) y en medio, además, tenemos las denominadas memorias de trabajo (manipulación temporal de información que nos permite hilar los conceptos que evocamos en el pensamiento y así poder razonar, pensar, etc.).

Por otro lado tenemos las memorias inconscientes, que son diferentes a las que acabamos de describir. Por ejemplo, somos capaces de aprender a montar en bicicleta, a escribir en un ordenador o a conducir un coche. Ese aprendizaje es guardado en la memoria en nuestro cerebro de una manera clara y solo se evoca cada vez que queremos montar de nuevo en bicicleta o golpeamos las teclas del ordenador, es decir, son memorias que no son expresadas de modo verbal consciente. La evocación de este tipo de memoria se realiza a través de un acto de conducta, un acto motor. Lo mismo que el otro tipo de memoria (explícita) se manifestaba relatando un suceso con palabras, este se evoca sin palabras, simplemente mostrando que montamos en una bicicleta. Son las memorias no-declarativas o implícitas con las que guardamos infinitas cosas cotidianas, de todos los días, desde hacer salsa de tomate o batir huevos en la cocina hasta la rapidez con la que ejecutamos la lectura de un libro.

Pero hay, además, muchos otros tipos de memorias. Por ejemplo, existe un tipo de aprendizaje y memoria que permite asociar sucesos de los que no somos conscientes, pero que nuestro cerebro aprende y memoriza y que facilitan nuestra relación con el mundo. Sirva el siguiente ejemplo. Observemos a un perro hambriento cuando se le presenta un plato de comida y veremos que el perro saliva. Ahora, en un experimento diferente y delante del mismo perro hambriento, en lugar de presentarle la comida hacemos sonar una campanilla o un timbre. Veremos que, como era de esperar, en estas nuevas condiciones el perro no saliva. Ahora hagamos un tercer experimento. Y en este cada vez que le acerquemos la comida al perro hagamos sonar esa misma campanilla o ese timbre al mismo tiempo. Repitamos este último experimento muchas veces. Pasado algún tiempo hagamos un último experimento, en esta ocasión solo hacemos sonar la campanilla o el timbre sin aproximar el alimento, y esta vez (al contrario de lo que observamos la primera vez) el perro ahora sí saliva. Está claro que el animal ha asociado el sonido de la campanilla o el timbre con la comida y la presentación de uno u otro hace al animal anticipar el alimento y realizar la respuesta de la salivación. El animal ha aprendido y memorizado la asociación de dos estímulos y su correspondiente respuesta a los mismos. De nuevo esto es un tipo de memoria no-declarativa que en el ser humano ocurre del mismo modo y que no es expresable con palabras.

Un último tipo de aprendizaje y memoria que vale la pena destacar es aquel por el que cuando un suceso viene ligado a un acontecimiento emocional tiene tanta fuerza para ser guardado en nuestro cerebro. Valga en este caso otro experimento. Por ejemplo, a un animal se le da un pinchazo muy suave sobre la piel o un estímulo eléctrico capaz de evocar una determinada respuesta motora, sea esta la contracción de un músculo (sin dolor). Si este estímulo se repite varias veces sin más consecuencias, es decir que el estímulo no se siga de un daño (dolor) o recompensa (placer), el animal termina no realizando respuesta o conducta alguna ante el estímulo. Esto señala que se ha «habituado» al mismo. Si por el contrario el estímulo sí tiene una consecuencia, sea esta dolor o placer, entonces la respuesta se potencia, es decir, el animal se «sensibiliza» claramente ante dicho estímulo y aumenta su respuesta. En este último caso ha guardado en la memoria el significado de este suceso, tanto que posiblemente para siempre evite (dolor) o repita (placer) la conducta correspondiente a aquellos estímulos. De nuevo no se necesitan muchas palabras para enmarcar estos procesos de aprendizaje y memoria en la cotidianidad de nuestros días, en particular cuando somos niños. En las memorias de tipo explícito consciente desempeña un papel fundamental el hipocampo, así como otras estructuras adyacentes, como las cortezas entorrinal, perirrinal y parahipocampal y la propia amígdala. Todas ellas constituyen lo que se conoce como el sistema de memoria del lóbulo temporal medial (SMLT). Sin embargo, el hipocampo, aun cuando esencial para formar memorias, no es el depósito definitivo de estas, sino que lo es la corteza cerebral. De hecho, el hipocampo solo es un depósito temporal de estas memorias (algunos años) que después pasan a ser guardadas, de modo más permanente, en la corteza cerebral.

La neurobiología actual revela que cada área de la corteza cerebral, cada circuito neuronal, lleva intrínseca a sus redes la memoria. Por ejemplo, la memoria perceptiva de nuestro cuerpo a través del tacto se encuentra en las áreas somatosensoriales de la corteza parietal y también en las áreas motoras de la corteza frontal. Del mismo modo guardamos la memoria perceptiva visual de nuestro cuerpo en las áreas visuales. Y de igual forma también para otros sistemas sensoriales, como la audición. Como antes hemos señalado, el almacenamiento definitivo de memorias conscientes (las que manejamos todos los días y que tienen su primer depósito en el hipocampo) y que tuvieron lugar en nuestra niñez o hace 30 años, tardan muchos meses, e incluso años en ser depositadas en la corteza. Este proceso se conoce como «consolidación». Los modelos recientes computacionales de consolidación de la memoria sugieren que las huellas iniciales de memoria, en el momento en que se realiza el proceso de aprendizaje, se establecen tanto en la corteza cerebral como en el sistema temporal medial. Y cada vez que el evento mnemónico (de memoria) es evocado o recreado hay una interacción entre ambos sistemas, dando lugar a un pequeño aumento de la fuerza de las conexiones sinápticas en la corteza cerebral del área correspondiente. En términos neurobiológicos esto quiere decir que el aumento de la fuerza de los registros de memoria es equivalente a los cambios en la eficacia sináptica entre conexiones cortico-corticales en la corteza cerebral y conexiones entre la corteza cerebral y el sistema temporal medial.

Los procesos de memoria, como ya señalamos a propósito del aprendizaje, posiblemente conlleven una cooperación entre los sistemas conscientes y los no conscientes al menos en lo que refiere a su expresión en la conducta. Está claro que en el caso de las memorias declarativas conscientes un suceso cualquiera que nos ocurra, como conocer a una persona que nos impacte, puede modificar nuestra conducta y lo sabemos, somos conscientes de ello. Este tipo de memorias pueden ser evocadas, traídas a la conciencia, a la mente, bien como pensamiento sin más o como una imagen visual. Frente a ello, sin embargo, los otros tipos de memoria, de los que ya hemos hablado, las no-declarativas, son inconscientes, y en ellas el conocimiento adquirido se expresa en los propios mecanismos de la conducta, sin que nunca pueda aparecer conscientemente ninguna traza de esta última memoria. En otras palabras, un suceso que nos ocurra y del que hagamos memoria no consciente se registra en áreas del cerebro que luego pueden modificar nuestra conducta, y es así como sin saber por qué hay personas, lugares, cosas, animales que nos pueden resultar desagradables (debido a que alguna vez ocurrió algo relacionado con ellos de lo que no guardamos un registro de memoria consciente). Un ejemplo de este proceso fue expuesto en el capítulo anterior sobre aprendizaje.

Todo lo que acabamos de señalar tiene especial relevancia, además, para entender cómo sucesos ocurridos a una edad muy temprana, antes de los dos o tres años, puedan tener una especial significación en la conducta futura del individuo sin que de ello se guarde un recuerdo o memoria consciente escondida entre los entresijos del cerebro. Y es que las áreas del cerebro que registran todo acontecimiento consciente no se desarrollan de modo completo hasta casi los dos años de edad. Esto último justifica que nadie guarde recuerdo de lo sucedido en su vida antes de esa edad. Sin embargo, nuestro cerebro sí registra esos acontecimientos en forma de memoria inconsciente y, del mismo modo, puede expresarlo, por ejemplo, en forma de fobias.

Memoria significa cambios en la unión o conexión entre neuronas, esa parte de contacto que se llama sinapsis. Precisamente cambios morfológicos de las sinapsis como resultado de procesos de aprendizaje y memoria se han observado en el hipocampo. En términos neurobiológicos se expresan en que una sinapsis que se usa repetidamente (se repite lo aprendido) se hace más eficaz, es decir, el umbral de estimulación para que la señal se transmita de una neurona a otra se hace menor y necesita de estímulos cada vez menores para alcanzar una determinada respuesta. La neurona, a través de los cambios sinápticos, «recuerda» lo sucedido. Y esto es, probablemente, la memoria, es decir, un cambio físico, entre neuronas que puede ser permanente y que puede ser activado, evocado, y por tanto rememorado. Hoy sabemos, además, que estos cambios ocurren a nivel de la microestructura neuronal, de modo que la actividad sináptica da lugar a su crecimiento por sus efectos sobre la síntesis de ARN, por tanto, sobre las proteínas y otras macromoléculas. En efecto, no solo las sinapsis cambian su morfología como consecuencia de los procesos de aprendizaje y memoria, sino también los mecanismos genéticos que dan lugar a tales cambios (bioquímicos, morfológicos —anatómicos— y funcionales). Un fenómeno neuronal encontrado en el hipocampo que se ha denominado «potenciación a largo plazo», y del que se conocen los mecanismos genéticos y moleculares, se ha postulado como evidencia de que las neuronas pueden «recordar» los estímulos que reciben. La más simple interpretación de todo lo que acabamos de señalar es que la formación de la memoria ocurre debido a que un conjunto de sinapsis en un determinado circuito neuronal responde a una experiencia o aprendizaje relevante con una cascada de procesos moleculares que, comenzando con cambios sinápticos transitorios, culmina en la síntesis *di novo* de macromoléculas que insertadas en los terminales sinápticos cambian el número y la fuerza de estas sinapsis variando sus propiedades de señalización, y formando con ello «representaciones» de la experiencia.

Pues bien, todos estos conocimientos deberían llevarnos eventualmente a encontrar métodos capaces de hacer más efectivos los procesos de memoria en el niño. Y de ello, aun cuando no vinculado directamente con lo descrito sobre las bases moleculares de la memoria, se está haciendo eco la psicología cognitiva, que trabaja en crear diseños de ambientes que faciliten y potencien la memoria, en el contexto del colegio en particular. Y es que es en el colegio y en la interacción social con los otros niños donde se ejercitan las capacidades cognitivas requeridas para el aprendizaje de nuevas asociaciones (interacción de redes neuronales) que maduran y se desarrollan luego a lo largo de toda la vida de las personas. Parece evidente que la grabación, retención y recuperación y evocación de sucesos y hechos a edades tempranas conforma las bases y facilita después la adquisición de nuevas habilidades y nuevos conocimientos. De ahí lo importante de diseños experimentales que permitan conocer los mecanismos y las posibilidades de modificar y cambiar lo que se aprende y memoriza temprano y proveer con ello nuevas ideas relevantes para la educación. Diseños que deberían ser diferentes para el estudio de las distintas etapas del arco vital humano.

11

INDIVIDUALIDAD Y FUNCIONES SOCIALES COMPLEJAS

La adquisición de conocimiento abstracto es, sin duda, una de las funciones más complejas desarrolladas por el cerebro humano. Aprender en el colegio, en la universidad o simplemente aprender atendiendo una conferencia un día cualquiera en alguna parte es una tarea muy complicada que requiere tiempo atencional. Atender una clase requiere «atar» ese tiempo a la clase e ir realizando conexiones y relaciones de lo aprendido y depositarlo todo ordenadamente en la memoria. Junto a esto hay algunos otros requerimientos, como un soporte emocional que, de alguna manera y quizá de modo adelantado e inconsciente, permita esperar un aplauso o reconocimiento por aquello que se ha aprendido, sea sobre lo nuevo escuchado en la clase, el éxito en los exámenes, el éxito social o desde luego en los niños el aplauso de los padres cuando al regresar a casa traen el dibujo o la redacción realizada y les cuentan todos los aconteceres de ese día en el colegio. Estas funciones son difíciles, pues requieren no solo la avivación de los procesos de aprendizaje y memoria, sino también la inhibición mental de todos aquellos pensamientos o emociones que saltan constantemente a la mente y la distraen.

De hecho, se estima que para una buena concentración atencional tenemos que (de modo temporal) inhibir el 99 por ciento de todo aquello que normalmente pensamos o entra a nuestro cerebro y solo prestar atención al 1 por ciento de ello, y aun así ese 1 por ciento cambia con las circunstancias. Pues bien, estos procesos inhibitorios de tanta importancia en cualquier función ejecutiva residen sobre todo en circuitos neuronales de la corteza prefrontal y, como ya hemos señalado, su desarrollo se encuentra alrededor de los seis años de edad. De modo más formal estas funciones complejas se han definido como aquellas capacidades que permiten a una persona llevar a cabo con éxito una conducta con un propósito determinado. Y esto es lo que sucede máximamente en los adultos. En ellos estas funciones se expresan en planificar y perseguir un objetivo concreto, y esto lleva implícito el desarrollo de conductas en las que participan el control emocional, la aceptación de valores y el respeto a las normas, y en definitiva realizar con éxito una conducta social correcta. Por eso estas funciones se conocen también como funciones de autocontrol o control cognitivo de uno mismo. Es decir, en esencia son conductas que refieren a toda aquella actividad cerebral que implica lo que entendemos por ética. Hoy sabemos que, en gran medida, todo ello depende, tras recibir una sólida educación, del funcionamiento correcto de diferentes áreas de la corteza prefrontal. Precisamente por eso, una buena educación desde el mismo nacimiento, y que ya se exprese y se refuerce en el colegio, puede predecir las cualidades intelectuales y morales de un niño para cuando sea adulto, esto es, predecir el posible éxito o fracaso social de ese niño.

Como acabo de señalar, el desarrollo de estas funciones de conductas complejas, y aun cuando bien pudieran tener una predisposición marcada genéticamente en algunos niños, se aprende ya en los primeros años en el entorno familiar y, desde luego, después en el colegio. Dejen que les ponga un ejemplo sencillo que revela cómo la capacidad de autocontrol, que es predictiva, ya existente en los niños ya habla de su posible éxito social futuro. A un grupo de niños a los que se les dijo que podían coger caramelos del montón que se puso a su alcance, se les dieron dos posibilidades. Una, que podían coger un caramelo de inmediato y, otra, que si eran pacientes y aguardaban a que volviera el profesor (que iba a salir de clase), podrían coger dos caramelos en vez de uno. Unos niños, la mayoría, prefirieron coger el caramelo de inmediato. Otros, la minoría, aguardaron el regreso del profesor, en cuyo caso obtuvieron los dos caramelos prometidos. Quizá lo más interesante de este estudio fue que años más tarde, cuando estos niños se hicieron adultos, se analizó su personalidad y se encontró que los del grupo que habían escogido la recompensa inmediata (un caramelo) eran más impulsivos y viscerales que los que prefirieron esperar (dos caramelos) y que eran más tranquilos, pensativos y calculadores. Existen otros estudios que refuerzan cuanto acabo de señalar. Por ejemplo, en uno de ellos, que siguió a 1.000 personas desde el nacimiento hasta los 32 años, se mostró que los niños cuyos padres y maestros clasificaron ya entonces de poseer un buen autocontrol, luego resultaron ser los que, en porcentaje, menos abandonaron los estudios en la escuela secundaria. Esto confirma de otra manera lo señalado anteriormente y sería indicativo del valor de estas funciones ejecutivas como instrumento predictivo de un rendimiento académico sostenido. Y, en consecuencia, nos habla de la enorme relevancia que tiene adquirir de modo correcto y desde muy temprano esas funciones complejas que hemos llamado funciones ejecutivas.

Desde hace ya algún tiempo se empieza a reconocer que, al igual que lo es la familia, el colegio y la escuela son instituciones de por sí importantes, más allá de lo que se enseñe en ellas, aun cuando esto último sea también importante obviamente. En la escuela se aprende no solo a leer, escribir y hacer cálculo y matemáticas, sino a convivir, a vivir temprano en sociedad y sacar con ello otros aprendizajes que son los que permiten luego una buena adaptación social. Por eso se dice que la función de las escuelas no solo es instructiva, sino educativa. Aprender, memorizar y relacionarse con los demás es adquirir capacidades y habilidades que sirvan dentro y fuera del colegio. Aprender en la escuela es como adquirir una fluidez en la cadena de pensamientos y emociones que nos conducen a la toma final de una decisión social. Que nos conducen a controlar nuestras conductas y acciones. A controlar nuestras respuestas emocionales. Que en definitiva refiere a esas funciones ejecutivas o control de uno mismo, o, si se quiere, a tener un control sobre lo que se piensa, se siente y se hace.

Estudios recientes muestran que aprender los fundamentos básicos de leer, escribir y hacer cuentas no es lo mismo hacerlo en el contexto de una escuela que fuera de ella. Y que solo unos pocos años de asistir al colegio marcan una diferencia con otros niños que no lo han hecho nunca, aun habiendo aprendido a leer, escribir y hacer matemáticas en casa con la madre o con un maestro particular. Parece muy claro que aquellos aspectos básicos de la conducta, como la memoria de trabajo, la inhibición de la impulsividad y el cambio constante del foco atencional, así como la toma de decisiones y la solución de problemas nuevos, se potencian de modo significativo con la exposición de los niños a una educación formal (maestro-otros niños-reglas de comportamiento). De manera que el colegio se convierte así en una institución con un ambiente especial, independiente, que de alguna forma se separa del propio proceso de aprendizaje y que tiene efectos neurocognitivos en el niño. A todo lo dicho se añade que en el colegio se aprende a planificar, organizar y clasificar conocimientos en cooperación con los demás. Se aprende a desarrollar la memoria de trabajo que ya hemos señalado y a integrar en la memoria las experiencias nuevas con las experiencias previas del niño, y adquirir habilidades para el desarrollo normal de una conducta que, bajo esa constante toma de decisiones, se dirige a la consecución de objetivos concretos y específicos. Todo ello suma a esas funciones que hemos referido como funciones ejecutivas o de autocontrol. Añadido a todo ello, estudios recientes hechos con resonancia magnética funcional han revelado que la escolarización produce cambios específicos en varias estructuras de la corteza cerebral (un estudio concreto, por ejemplo, ha mostrado claras diferencias en el volumen del cuerpo calloso, esa banda de fibras que conectan ambos hemisferios cerebrales, particularmente en la zonas de conexión de las cortezas parietales). De modo que la escolarización, ese producto de la llamada revolución cultural postindustrial, ha dado lugar a un fenómeno positivo sin precedentes para el desarrollo cognitivo de los niños.

Hoy sabemos que estas capacidades ejecutivas tienen un pico de desarrollo en los niños desde los tres hasta los seis u ocho años, un periodo generalmente marcado por la transición entre la entrada en el colegio (enseñanza preescolar y en el seno de la familia) a las enseñanzas ya regladas, periodo y colegio, como ya hemos visto, que permiten detectar capacidades y déficits en el desarrollo de estas funciones complejas. Hay un método que se utiliza para medir estas funciones ejecutivas, el DCCS *(Dimensional Change Card Sort)*. En él la tarea requiere que, de un montón de cartas, los niños escojan una serie de ellas de acuerdo a una determinada característica, sea por ejemplo el color, y después, mientras las seleccionan y en un momento dado, se les pide (a los niños) que cambien la estrategia y esta vez lo hagan eligiendo según otra característica añadida a ese color, por ejemplo, una cierta forma de la carta. Pues bien, en este estudio se comprobó que existen dos grupos de niños diferentes y bien definidos, aquellos con capacidad de cambiar sin problemas de solo escoger acorde a una característica a hacerlo con dos y aquellos otros que mostraron dificultad o lo hicieron muy despacio o se equivocaron más cuando cambiaron a elegir siguiendo dos características. El seguimiento de estos niños a los pocos años sugirió que quienes cambiaron la estrategia con facilidad y sin errores presentaban más capacidad para desarrollar funciones ejecutivas (las que requieren cambios y decisiones constantes) y, también, desarrollaron una mayor facilidad en el proceso de aprendizaje. Frente a estos últimos, los niños que cometieron errores fueron más lentos y mostraron más deficiencias en el desarrollo de tareas ejecutivas. Se ha especulado que estos hallazgos podrían conducir a diseñar tratamientos conductuales tempranos para mejorar las destrezas en estos niños.

Otro estudio interesante, que indirectamente ilustra los efectos de la educación emocional y la interacción social de los niños en el colegio, es el que se hizo con niños de ocho años que estaban internados en un orfanato en Bucarets, Rumania. Este estudio contó con dos grupos de niños. Al primero de ellos se le puso en un programa de ayuda emocional intensa (afecto y empatía) y al segundo no. Al estudio se añadió un tercer grupo de niños de la misma edad (no pertenecientes al orfanato) y que seguían sus enseñanzas regladas en un colegio. Pasado el tiempo del programa de tratamiento todos los niños realizaron un test muy sencillo consistente en sentarse delante de un panel que contenía dos pequeñas ventanas iluminadas con luz neutra y un botón. La tarea (que se le explicó a los niños) consistía en apretar el botón situado en el panel delante de ellos cada vez que la luz de una de las ventanas se encendía de color verde, pero no hacerlo si, paralelamente a la luz verde, se encendía una luz roja en la otra ventanita. Esta es una tarea que requiere de una atención constante y sostenida y también de ejecutar o inhibir una conducta, funciones intrínsecas a toda función ejecutiva. Tanto los niños pertenecientes al grupo del orfanato que había seguido el programa de ayuda como los niños del grupo control (escolarizados) mostraron una mejor atención sostenida, cometieron menos errores y utilizaron tiempos más cortos que los segundos, los que no recibieron el programa de ayuda. Este estudio mostró, primero, que los niños deprivados de afecto presentan déficits en la adquisición normal de funciones ejecutivas. Y, segundo, también mostró que una intervención temprana de afecto puede paliar estos efectos.

Otro buen instrumento para potenciar el aprendizaje de estas funciones complejas parece ser el lenguaje y el aprendizaje de varias lenguas. Hacia el año de edad (entre los 10 y 12 meses) un niño bilingüe (educado en una familia donde, por ejemplo, el padre le habla en inglés y la madre en español) ya es capaz de discriminar entre los sonidos de las palabras primarias en cada uno de los dos idiomas. Lo interesante es que en el niño que aprende simultáneamente dos lenguas desde el nacimiento estas quedan en su cerebro en circuitos neuronales separados. Y a través del aprendizaje y del trasvase que se realiza entre uno y otro reservorio el niño adquiere ventajas cognitivas y también reservas cognitivas que le servirán para ser utilizadas a lo largo de su vida, incluso hasta la vejez. Curiosamente estas ventajas no solo se expresan en un retraso de la aparición de las demencias cuando llegan a la vejez, sino que cuando son niños este bilingüismo les permite desarrollar capacidades ejecutivas más potentes que los niños que solo hablan un idioma.

En efecto, los niños o adultos que hablan una sola lengua cuando escuchan una palabra, solo necesitan compararla con el único almacén de palabras (sonido) que poseen y las reglas que gobiernan su significado. O cuando pronuncian ellos mismos una palabra, solo necesitan extraerla de ese único almacén de palabras que poseen. Por el contrario, una persona que habla cinco idiomas, cuando participa en una conversación con otras cinco personas, en la que cada una de ellas solo habla uno de esos idiomas, en la conversación tiene que saltar constantemente de una a otra lengua, es decir, elegir, decidir de forma inconsciente. Esto conlleva utilizar y ejercitar en todo momento los procesos inhibitorios de los que hemos hablado y que tienen tanta relevancia en las funciones ejecutivas, y esto es todavía más relevante en los niños. Los niños bilingües o trilingües presentan ventajas que les ayudan y facilitan su proceso de aprendizaje. Muchos estudios demuestran estas ventajas. Por ejemplo, a un grupo de niños (bilingües y monolingües) se les muestra una serie de cartas, una tras otra, que presentan una figura (un conejo o un mono), están coloreadas (con rojo o con azul) y tienen o no representada una estrella. Si la carta que se les enseña tiene una estrella, los niños deben escoger y diferenciar las cartas por el color (rojo o azul); si la carta no tiene estrella, deben escoger y diferenciar las cartas por la figura (mono o conejo). El estudio demuestra que todos los niños (tanto los monolingües como los bilingües) obtienen los mismos resultados si esa regla se mantiene durante todo el experimento (por ejemplo, escoger por el color si la carta tiene una estrella) pero si las reglas cambian (por ejemplo, escoger lo mismo, pero cambiando el significado de la estrella, de modo que ahora con estrella deben escoger por el dibujo, y sin estrella, por el color), los bilingües lo hacen mucho mejor y cometen menos errores. Es decir, ante la toma de decisiones espontáneas (con la consecuente inhibición de otras) los niños bilingües demuestran que son más eficientes. Hoy se piensa que estas capacidades se extienden a todo el proceso cognitivo que requieren las funciones ejecutivas en general. Es decir, que, en la vida real las personas que hablan varios idiomas toman decisiones más rápidamente y con menos errores que las monolingües. Sin duda que todo esto conforma, de modo decisivo, la construcción individual, personal, diferenciada de cada uno.

12

REPITIENDO Y EQUIVOCÁNDOSE O CÓMO ENSEÑAR Y APRENDER MEJOR

El hilo que cose las ideas nacidas bajo el foco de luz que llamamos atención crea conocimiento. Eso es aprender. Grabar lo aprendido es memorizar. Pero memorizar bien y aun aprender bien requiere de la repetición de lo que se aprende y con ello también se corrige y rectifica aquello que se aprendió. Y eso lo sabe cualquier estudiante. Y es que cualquier aprendizaje nuevo solo se ancla en memoria firme y consolidada muchas horas después con el consecuente refuerzo de las redes neuronales que dan base a la memoria. Esta repetición tiene fundamento neurobiológico en lo que conocemos del hipocampo, sede principal de las memorias explícitas. En las memorias del hipocampo ocurre ese fenómeno del que ya hemos hablado (capítulo 10) como potenciación a largo plazo y que consiste en que la repetición de un estímulo eléctrico logra producir cambios moleculares duraderos en las sinapsis de sus neuronas. Cambios que se piensa son de alguna manera «el recuerdo neuronal» de lo ocurrido. Pues bien, hoy sabemos que ciertos neurotransmisores, como el glutamato y el ion calcio, son fundamentales para que tales cambios (memorias) se produzcan en las sinapsis y permanezcan en ellas largo tiempo. Pero volvamos a la repetición como fenómeno conductual y cognitivo. Repetir quiere decir, reevaluar, y hasta equivocarse en el proceso de aprendizaje. De hecho, habría que considerar la equivocación y el error como eventos intrínsecos al propio proceso de aprendizaje y memoria.

Cuando mencioné a la jirafa entrando en un aula y captando la atención de los alumnos, podríamos pensar que ese evento, producido solo una vez en la vida de esos alumnos, se recordaría durante toda la vida. Pero no es así. Para que verdaderamente se recuerde bien un suceso, cualquiera que este sea, se ha de repetir muchas veces. No desde luego con la repetición física de lo ocurrido, pero sí mentalmente. Y es que si el supuesto de la jirafa ocurriera todos sabemos que lo repetiríamos verbalmente cientos o miles de veces al contárselo a todo el mundo. Y eso es lo que hace que se grabe con solidez. El cerebro, pues, necesita repetición de todo aquello que se tiene que aprender y recordar de modo importante. Solo con la repetición se podrá memorizar bien después y todavía quizá el resto de la vida. Todo lo dicho sería en relación a lo perceptivo, sensorial, y a ese aprendizaje explícito que es la visión de la jirafa. Pero algo igual ocurre con el aprendizaje implícito, si no más. Todo el mundo recuerda cómo aprendió a montar en bicicleta. Y la repetición constante y reiterada de ese proceso. Y, a nivel más coloquial, todos lo hemos escuchado de nuestros padres muchas veces. Por ejemplo, cuando a un niño se le enseña algo manual, y en apariencia lo ha aprendido, el padre trata de repetirlo una vez más, para dejarlo «bien claro», pero a renglón seguido, y de modo espontáneo, el niño exclama «déjame ahora hacerlo a mí». Es decir, «déjame ahora que yo lo repita y me equivoque solo», porque es solo con la repetición hecha por el niño mismo y la rectificación de los errores cometidos como se experimenta una reacción emocional, aquella de la recompensa y el placer, y con ella se sedimenta, con solidez en la memoria, lo que se ha aprendido. Y es que, permítanme decirlo otra vez, equivocarse es parte del proceso de aprendizaje.

Todo esto también se puede observar en el niño cuando juega. El niño, cuando juega y en lapsus de tiempos diferentes, repite constantemente lo que está haciendo. No, desde luego, a través de una repetición idéntica y automática, sino de manera que podríamos llamar «complementaria», esto es, desde perspectivas diferentes pero conducentes a resolver el problema. El niño, durante el juego y tratando de alcanzar los mismos fines, como ensamblar las piezas de un juguete, lo repite tratando de conjuntar esas piezas (las mismas o diferentes) en tiempos y secuencias distintos. Y eso es lo que hace que junto con la satisfacción final, el logro emocional que proporciona en este caso el ensamble del juguete, se grabe más sólidamente en su cerebro. Y algo similar ocurre, por supuesto, más tarde, en el estudio del alumno adolescente y universitario en el proceso de razonamiento y el aprendizaje de nuevas ideas o conceptos, o en el aprendizaje de las matemáticas o las funciones ejecutivas. En definitiva, aprender bien y guardar memoria de esas asociaciones para luego poder evocarlas y que de verdad sirvan para construir conocimiento y memorizarlo requiere repetición constante de aquello que se aprende, unido a ese componente emocional de la experiencia.

Y de esto sacamos también lección provechosa quienes enseñamos. Yo personalmente cuando doy clase en la universidad, saco ventaja de todo cuanto acabo de apuntar. Y he comprobado que para el estudiante es de un gran valor lo que yo llamo «repetición convergente», es decir, reiterar una serie de conceptos básicos o relevantes desde perspectivas y con ejemplos diferentes a lo largo de una clase. Está claro que repetir constantemente lo mismo a los estudiantes sin tener en cuenta el impacto de esto sobre la motivación es negativo. De ahí la importancia del significado emocional cuando se insiste en un mismo concepto. Esta es pues la idea, es decir, arropar o unir los conceptos difíciles con significados emocionales que deben ser diferentes en cada uno de esas dos o tres repeticiones del razonamiento difícil que queremos que aprenda y memorice el alumno. Es más, y esto es interesante, el beneficio de la repetición no solo recae en el que aprende, sino también en el que enseña. Esto último me recuerda a Cicerón cuando escribió aquello de que para aprender bien había que enseñar. Precisamente quienes enseñamos nos damos cuenta del valor de este aserto. Y es que, en efecto, cuando uno enseña algo que previamente ha estudiado, se da cuenta de los errores que ha cometido durante el aprendizaje de aquello que creía sólido y bien aprendido. Uno estudia, y se equivoca y repite y consulta varias fuentes y contrasta y luego se vuelve a equivocar en detalles que después afina con más estudio. Pero es finalmente, más tarde, en la exposición pública, ante los alumnos, cuando se tiene la experiencia de haber dejado algún cabo suelto en el hilo de esa comprensión del tema, y es en ese momento, durante el discurso o razonamiento, cuando se da cuenta que aquello no estaba del todo bien hilado y, tras la clase, corrige las lagunas y rectifica. E, insisto, esa repetición reporta un beneficio doble, pues lo obtiene el profesor tanto para sí mismo como para los alumnos.

Y algo más sobre aprender y repetir lo aprendido. Y ese algo más refiere al sueño. Muchos datos apoyan la importancia del sueño en la consolidación de la memoria. Pues bien, también aquí, durante el sueño, repetir lo aprendido es importante. Hay experimentos muy curiosos realizados en el cerebro de pájaros, y en particular de los pájaros cantores, que avalan esta importancia de la repetición. Cuando durante el sueño en estos pájaros se registra la actividad eléctrica de una sola neurona (patrón de potenciales de acción), localizada en áreas cerebrales que son importantes para el aprendizaje de las canciones, el patrón de actividad que se registra es muy parecido al registrado cuando el pájaro está aprendiendo a cantar. Algo así como si el pájaro durante el sueño estuviese repitiendo y entrenando aquella canción. Esto nos lleva a la idea actual más aceptada de que durante el sueño el cerebro trabaja para cimentar, construir en bioquímica y anatomía, aquello que se aprendió durante el día y que es importante para el individuo. Para terminar, quisiera reforzar la importancia de este capítulo en relación con un área cerebral como es la corteza motora suplementaria y su papel en la repetición «mental» de actos motores previamente muy bien aprendidos. Hay un ejemplo que creo que ilustra cuanto digo, y que además todo el mundo conoce. Me refiero a esos atletas de salto de altura que, mucha gente los ha visto, antes de cada salto cierran los ojos y repiten mentalmente la secuencia de cada paso antes del salto y el salto mismo. Pues bien, precisamente en este proceso repetitivo es donde desempeña un papel fundamental ese área motora suplementaria que acabo de mencionar. Hay muchos experimentos que muestran la importancia de esa repetición mental y no tanto para la realización del acto motor mismo, sino también para el afianzamiento emocional del éxito del salto.

13

ALONDRAS Y LECHUZAS: OPTIMIZANDO LAS ACTIVIDADES EDUCATIVAS

La actividad del ser humano durante el día se sucede con el sueño durante la noche. Eso todo el mundo lo sabe, pero de ello no se sacan, sin embargo, las consecuencias, que las hay y muchas, para la educación y la enseñanza. Y esto es importante sobre todo en los periodos tempranos de esa enseñanza, pues el sueño en los niños desempeña un papel destacado que se debería conocer bien para, en guarderías y colegios, poder enseñar bien. Deberíamos recordar que el recién nacido duerme unas 14 a 16 horas diarias. Y de ahí el tiempo de sueño va descendiendo hasta las ocho horas del adolescente. En ese periodo que va desde el nacimiento hasta la adolescencia, el niño de un año suele dormir por la noche unas 11-12 horas a las que se le añaden otras dos o tres horas de sueño a lo largo del día, normalmente repartidas en dos periodos. A los tres años el niño ya reduce el sueño nocturno a unas 10 horas a las que hay que añadir una hora y media durante el día. Entre los cuatro y los seis años los niños ya no duermen siestas con regularidad. Evidentemente todos estos parámetros sufren grandes variaciones individuales que están influenciadas por la cultura y la geografía en que se vive. Pues bien, conocer este capítulo del sueño es de importancia sobresaliente para los educadores y, en particular, conocer esas diferencias en los requerimientos del tiempo de sueño en los niños pequeños. De hecho, hay estudios que muestran que una pérdida de sueño de una o dos horas, cuyas consecuencias no son aparentes en la conducta normal del niño, produce efectos sobre la velocidad a la que se puede procesar una determinada información y, en consecuencia, afectar a su memorización. Y es que, como hemos mencionado en el capítulo anterior, el sueño es necesario para la consolidación de la memoria. Pero también lo es para mantener niveles de atención sostenida durante la clase. Es posible seguir una clase y entender lo que se dice en ella, pero en ausencia de un buen sueño, lo aprendido puede no ser memorizado después de forma adecuada. Por tanto, un sueño profundo y durante el tiempo necesario por la noche es muy importante para la memorización y evocación de aquello que se aprende. En los adultos la falta, incluso pequeña, de sueño se expresa en esa sensación (inconsciente) de fatiga y un descenso en la querencia por continuar con la labor que se está realizando. Y ello se refleja en particular en aquellos trabajos que requieren una alta concentración.

Pero junto al sueño nocturno, necesidad común y universal para todo ser humano (a menos que se cambie el ritmo vigilia-sueño), habría que tener en cuenta factores como el cronotipo de cada persona. Esto último es importante también a la hora de aprender y memorizar. Y es que tanto los niños como los adultos difieren en sus hábitos con respecto a la hora de irse a la cama y la hora de levantarse, y los tiempos, a lo largo del día, en que se hace necesario un descanso tras el cual se sienten mejor para continuar con una determinada labor. Hay estudios que muestran que las personas tienen un determinado cronotipo, un reloj interno diferente con respecto a otras. Reloj que les marca y les dicta estos tiempos diferentes de acostarse y levantarse y, en consecuencia, sentirse mejor trabajando bien hasta altas horas de la madrugada o haciéndolo temprano, o muy temprano, por la mañana. Se habla del cronotipo «lechuza» para referirse a aquellos cuyo sueño se inicia más retrasado y del cronotipo «alondra» para aquellos otros que, acostándose más pronto, están en disposición para estudiar, aprender y memorizar más temprano. Esto, sobre todo en niños, puede interferir con el ritmo temporal impuesto por el colegio. Evidentemente todo esto tiene que ver con geografías, climas y culturas de las regiones o países en las que se vive. Por ejemplo, puede haber latitudes geográficas en las que los colegios comienzan sus enseñanzas más temprano o más tarde en otros lugares. Está claro que niños con uno u otro cronotipo se adaptarán mejor o peor a esas costumbres u horarios diferentes. Pero, aun sin tener en cuenta lo anterior, también es verdad que todo esto cobra un valor en cualquier circunstancia. Me refiero al hecho particular de que todo ello pueda resultar en una desincronización entre el ritmo circadiano endógeno y el ritmo temporal impuesto por el colegio. Conocerlo es importante y tiene repercusión significativa para la enseñanza de los niños.

Un aspecto interesante, que valdría también la pena señalar aquí, es que estos dos cronotipos no parecen ser permanentes a lo largo del arco vital de las personas. Por ejemplo, se ha visto que niños que son de tipo vespertino hasta la adolescencia pueden cambiar a tipo temprano cuando son adultos y particularmente en la vejez. En la pubertad y adolescencia el capítulo del sueño se expande de manera sobresaliente. A ningún padre, maestro o profesor se le escapa que muchos chicos y chicas de esta edad duermen poco. De hecho, duermen durante la semana menos horas de las necesarias para un buen aprendizaje y una buena memorización. Y ello, necesariamente, repercute en dichas capacidades (del mismo modo que ya habíamos apuntado en los niños) y también en la propia conducta, en sus funciones ejecutivas y en su relación emocional y empática con los demás.

También es importante considerar la somnolencia que ocurre a nivel fisiológico tras el mediodía y primeras horas de la tarde, ese periodo que se conoce familiarmente como «siesta». Y es que, al filo del mediodía, y con independencia de la ingesta de alimentos y su abundancia, se produce un descenso de la temperatura corporal, fisiológicamente regulado, que se acompaña de somnolencia y es, por tanto, un periodo claro de bajo rendimiento mental. Este periodo de sueño debe ser breve en los adultos, entre 10 y 15 minutos, si se quiere después recuperar con rapidez una actividad mental igual a los niveles de vigilancia anteriores a la «siesta». De ser este espacio de tiempo más prolongado estos niveles no se recuperan hasta pasadas una o dos horas. En los niños este periodo depende mucho de la edad, como ya apuntábamos al principio de este capítulo. Curiosamente y como ejemplo aparte —y para conocimiento de aquellos que «pasan la noche en blanco estudiando antes de los exámenes»—, hay asimismo unas horas, que corren entre las cuatro de la madrugada hasta las siete de la mañana, durante las cuales la atención y ejecución sostenida de una determinada tarea también desciende de un modo muy significativo. Hoy conocemos en parte los mecanismos cerebrales de estos dos procesos (siesta vespertina y disminución de la atención durante la madrugada) y sabemos que en ellos participan, de modo principal, el hipotálamo, la actividad de la sustancia reticular ascendente del tronco del encéfalo y sus radiaciones a la corteza cerebral. Por supuesto que tanto en la «siesta» como para este último periodo de la madrugada hay una considerable variabilidad entre las personas.

Todos los aspectos aquí considerados parecen pequeños, pues todo el mundo los conoce y apenas se les da importancia. Sin embargo, hoy se piensa que sí son relevantes y que no tenerlos debidamente en cuenta en muchos niños en los que inciden de un modo especial es fuente de muchos problemas no solo en el colegio, sino en el seno de la propia familia. Por eso, algunas de estas consideraciones se vuelven a repetir a propósito del rendimiento mental en el capítulo 16.

Y todavía algo más para finalizar. Me refiero al concepto de «*jet-lag* sociológico», como ha sido llamado por los especialistas, y que atribuye una cierta connotación negativa a los periodos vacacionales (sean de invierno, primavera o verano) basándose en estudios que muestran que tras ese tiempo de descanso o inactividad, se altera el rendimiento de los niños (y por extensión de los adolescentes y los universitarios) con clara repercusión negativa en el ritmo diario establecido de las clases. ¿Habría que estudiar estos ritmos vacacionales y reevaluar la duración de los mismos? ¿Habría que modular el ritmo y las exigencias escolares adaptando de forma lenta y progresiva el aumento de obligaciones escolares tras los periodos de descanso?

14

NEUROMITOS: CONOCEMOS DESTRUYENDO LO FALSO

Recientemente se ha dicho y advertido a maestros y profesores que si alguien viene a venderles un programa informático con el que, basado en el cerebro, puedan enseñar mejor a sus alumnos, lo primero que tienen que hacer es echarse la mano al bolsillo, pues ese vendedor solo querrá ganar dinero. Hoy los programas que se venden, una parte de ellos, contienen falsas concepciones de la enseñanza, debido a un desconocimiento real de los datos de cómo funciona el cerebro. El problema básico reside en que muchos maestros, deseosos de implementar su enseñanza con métodos y prácticas nuevas que mejoren sus útiles docentes, no poseen preparación con la que poder evaluar y criticar estos programas y los aceptan como bien fundamentados en neurociencia.

La dificultad de todo esto no reside propiamente en los maestros, sino en esa dura realidad que es traspasarles los conocimientos neurocientíficos. Y es que existen conflictos en la relación neurocientífico-maestro (y más allá con los profesores universitarios) para que ese trasvase exista, debido sobre todo al lenguaje utilizado por los primeros para dirigirse a los segundos, y en los segundos (los maestros) para captar con certeza y seguridad estos conocimientos, criticar los programas que se les ofrecen y luego utilizarlos con los alumnos. Y esto ha llevado a mucha confusión y grandes errores de interpretación de los hechos científicos, y ha dado lugar a la creación de lo que se conoce como «neuromitos», mitos (hechos no reales) nacidos de la interpretación de datos científicos por personas con escasos conocimientos sobre la materia.

Hace ahora unos siete años (en 2005) con motivo de una conferencia para anunciar la apertura del Centro para la Educación basada en la Neurociencia de la Universidad de Cambridge, los maestros que asistieron a aquella reunión manifestaron recibir más de 70 correos electrónicos al año animándoles a matricularse en cursos sobre «cómo enseñar mejor en los colegios», basados en conocimientos del cerebro. Un fenómeno que ya ocurre en casi todos los países occidentales. Y es que, como ya hemos señalado, algunos de estos cursos promueven la interpretación errónea de los datos científicos y, en consecuencia, una aplicación falsificada de los posibles beneficios de estos conocimientos. Todo esto, por fortuna, está cambiando. Y han sido los propios neurocientíficos quienes han alertado a los maestros y los colegios sobre este problema, y en alguna medida también se han ofrecido a resolverlos.

Lo cierto es que los neuromitos, añadido a lo señalado, han dado lugar, además, a crear expectativas poco realistas en los maestros y profesores. Un ejemplo es la lectura incorrecta de un hecho neurobiológico, como la proliferación de las conexiones neuronales en los primeros años de vida. Hoy sabemos (ya se ha indicado en el capítulo 2) que en el cerebro de los niños se sucede una enorme y profusa proliferación sináptica (millones de sinapsis todos los días). Pues bien, basándose en este hecho, se ha especulado sobre la posibilidad de aprovechar estos tiempos de cambios profusos y profundos para «inundar» su cerebro, de modo paralelo a ese crecimiento sináptico, con conceptos, vocabularios, memorización de acontecimientos históricos, hechos aislados y percepciones complejas a través de medios audiovisuales para que sean mejor absorbidos e incorporados al cerebro durante esa proliferación sináptica, pensando que, de este modo, cuando estos niños alcanzasen la juventud o la edad adulta, tendrían capacidades cognitivas superiores a las de sus compañeros que no hubieran utilizado estos métodos. Por desgracia quienes promovieron estas ideas no tuvieron en cuenta la falta de evidencia científica acerca de la relación entre este fenómeno neurobiológico de proliferación sináptica y el proceso de aprendizaje. Es más, los mismos padres, ante ofertas de este tipo siempre reaccionan con un componente fundamentalmente emocional. «Pero ¿acaso no es verdad que los niños aprenden cosas fundamentales y aun definitivas y de modo fácil en los primeros años? ¿Cómo no voy yo a aprovechar esta posible ventaja para mi hijo aun cuando ello no sea del todo cierto?». Lo que los padres ignoran es que aprender bien en esos primeros años requiere de un instrumento básico que se resume en la espontaneidad, el placer, el juego entre lo motor sencillo y lo sensorial directo y asequible.

En esta misma línea transcurre otro fenómeno que se conoce como el «efecto Mozart». Durante algún tiempo se pensó que escuchar una sonata de piano o una sinfonía compuesta por Mozart, frente al silencio o a escuchar una charla relajante, tenía el efecto de aumentar la capacidad de aprendizaje en los niños y también facilitar el razonamiento abstracto de estudiantes universitarios. Otros estudios posteriores también sugirieron que no solo la música de Mozart, sino otras músicas o incluso la lectura de algún pasaje atractivo de un libro, eran capaces de influir en las tareas que realizaban los niños, fueran estas recortar dibujos de un papel o hacer figuras de cartones cuyos bordes para ser doblados ya venían festoneados. Y ello se extrapoló a pensar que, tal vez, si los niños en sus primeros años escuchan la música de Mozart en el ambiente relajado de sus casas, aquello podría tener efectos beneficiosos para su desarrollo mental y dar como resultado niños más capaces e inteligentes. En estudios rigurosos posteriores se mostró claramente que ese no es el caso. El efecto Mozart, pues, fue desechado.

Lo que sí se ha podido comprobar, de modo sólido, son los beneficios cognitivos de escuchar y tocar un instrumento. Solo escuchar no produce ningún beneficio claramente evidente. Escuchar y tocar al mismo tiempo, por el contrario, sí. La percepción, ejecución y manipulación de un instrumento, activando áreas sensoriales y motoras simultáneamente, sí repercute en una mayor habilidad general en los niños. Estudios recientes han mostrado que tocar un instrumento resulta en una mejor comprensión del lenguaje y promueve, además, la mejora de habilidades generales, como la atención, la percepción y discriminación de estímulos (tonos musicales), la memoria de trabajo y el control motor de la propia conducta. Hoy conocemos bien en neurociencia el efecto de la actividad motora sobre la misma percepción sensorial. Entre lo sensorial y lo motor hay un constante, necesario e imprescindible diálogo para la función de ambos sistemas y la construcción sólida del mundo cognitivo.

Hay muchos neuromitos que, aun cuando desdeñados por la neurociencia, siguen estando vivos en el acervo popular debido fundamentalmente a la constante repetición en los medios de comunicación. Por ejemplo, el mito de que solo se utiliza el 10 por ciento de las capacidades del cerebro, de lo que cabría deducir la potencialidad enorme que este tiene y que de utilizarse todas se podría esperar un aumento considerable de la inteligencia en cada ser humano. Este mito, como acabo de señalar, sigue muy vivo. Y no solo en las gentes corrientes, sino en los estudiantes universitarios e incluso entre algunos neurocientíficos. En este sentido, fue sorprendente que en una encuesta en la que se preguntó a estudiantes universitarios «¿Qué porcentaje aproximado piensa usted que utiliza la gente del potencial que tiene el cerebro?», un tercio de los encuestados contestara que el 10 por ciento. Otras encuestas similares realizadas en varios países obtuvieron los mismos o similares resultados. Y lo más sorprendente es que un 6 por ciento de los neurocientíficos preguntados con esa misma cuestión también contestó que el 10 por ciento. Es curioso que aun después de tantos años de mostrar la ciencia lo falso de este aserto, todavía ahora mismo se venden programas basados en él y la gente los compra con la esperanza de poder aumentar sus capacidades y su inteligencia por encima de sus propias limitaciones. Hace un tiempo en una reunión del Consejo de Investigación Nacional de Estados Unidos donde se discutió este mito, se concluyó que se podría erradicar si se dejaba claro públicamente su falsedad y haciendo hincapié en que este, como tantas propuestas milagrosas de automejorar las capacidades de una manera fácil y rápida, era un camino estéril, ya que nada puede sustituir al lento y duro proceso del trabajo y la disciplina en el trabajo cuando se trata de aumentar las capacidades intelectuales o de otro tipo de cada uno. Claramente no sirvió de mucho. Y, digámoslo ya, el cerebro utiliza todos sus recursos (genética y entrenamiento) cada vez que se enfrenta a la solución de problemas o en los procesos de aprendizaje y memoria.

Otro neuromito es aquel del cerebro derecho-cerebro izquierdo. Es un neuromito creado sobre la propuesta de que a los niños habría que enseñarles en los colegios tras ser clasificados previamente como niños nacidos con una predominancia del hemisferio derecho *versus* hemisferio izquierdo. Y ello es debido a que cuando se han analizado las funciones de ambos hemisferios cerebrales por separado en el laboratorio, se ha visto que el hemisferio derecho es fundamentalmente un cerebro holístico, global, que realiza asociaciones de tiempos y espacios muy distantes y que su función requiere de un tipo de atención que es «dispersa e inconsciente» (frente a la atención ejecutiva, persistente y focalizada que todos mejor conocemos). Es el hemicerebro «creador». El hemicerebro izquierdo, por su parte, es el cerebro del lenguaje, la lógica, las matemáticas, y requiere durante un proceso de aprendizaje de esa atención que acabamos de mencionar y que hemos llamado «atención focalizada». Es el cerebro «analítico». Basándose en estos datos se ha extrapolado la idea de que hay niños con predominancia de «cerebros derechos» y niños con predominancia de «cerebros izquierdos». Con ello se ha creado la idea equivocada, el mito, de que hay dos cerebros que trabajan de modo independiente y con preferencias por uno u otro tipo de cosas por aprender y que de no hacer propiamente esta separación a la hora de enseñar a los niños, y de modo temprano, se les perjudica. Hace algún tiempo este neuromito llevó a la idea de crear estructuras didácticas conducentes a que no se produzca un desencuentro entre las preferencias naturales del alumno con predominancia del cerebro derecho (dibujo, imaginación, intuición, visión global de los problemas, creatividad) y el de predominancia del cerebro izquierdo (razonamiento, cálculo, lenguaje) en lo que se enseña. Pero lo cierto es que no existe dicha dicotomía entre cerebros, es decir, desde el punto de vista fisiológico no hay cerebros derechos e izquierdos en las personas en condiciones normales, dado que la transferencia de información entre ambos hemicerebros, a través del cuerpo calloso, es constante. De lo que se deduce que aun cuando, sin duda, haya «talentos» y «capacidades» más atribuibles a las matemáticas o al dibujo, a las ciencias o las letras, eso no refiere a los hemicerebros como tales, sino a la serie de talentos producto de la función conjunta, final, de ambos hemisferios. De ahí el gran error que hubiese supuesto separar a los niños potenciando unos u otros talentos en menoscabo del desarrollo de otras capacidades y aptitudes. La enseñanza en los primeros años debe ser global, de equilibrio de todas las potencialidades de un niño que se presentan en grados diferentes, como, de hecho, se hace en la actualidad. Este mito fue desechado hace ya tiempo.

Otro neuromito, también desechado, es el que llevó a pensar que existen talentos diferentes en los llamados «niños visuales», «niños auditivos» o «niños cinestésicos» (es decir, niños que aprenden mejor a través de percepciones visuales, auditivas o del movimiento corporal o gestual). Esto condujo a crear programas, que se ofertaron a muchos maestros, basados en la conveniencia de enseñar de forma selectiva a los niños bajo estímulos predominantemente visuales, auditivos o cinestésicos. Para ello era conveniente, desde el principio, etiquetarlos en el colegio con una placa de identificación —como en los congresos— con las letras «V», «A» y «C» para focalizar en ellos, en la escuela, este tipo de método selectivo. Lo cierto es que no se encontraron evidencias que demostraran lo efectivo de estas enseñanzas. Y, en cualquier caso, hoy se piensa que una preparación de este tipo siempre iría en detrimento de las enseñanzas utilizando los otros sistemas, lo que produciría un trastorno en el equilibrio «normal» del desarrollo del niño. Evidentemente esto, que en principio se vio como algo lógico, fue un fracaso y también se abandonó en la práctica.

Por último, destaco otro neuromito, el del computador y el cerebro. Con frecuencia, en el contexto de la enseñanza y de modo «erróneo», se utiliza el símil de que el cerebro trabaja y opera como un ordenador, dando con esta sobresimplificación un concepto burdo y equivocado, científicamente hablando, del funcionamiento del cerebro. El cerebro humano es un producto actual, no final, del proceso evolutivo, que ha llevado muchos millones de años de azar y reajustes constantes, de prueba-error, en el duro banco experimental de la evolución biológica. El cerebro humano no es una máquina. Es un órgano cuyo funcionamiento íntimo en relación a cómo se elaboran las altas funciones cognitivas, por ejemplo, se ignora. El ordenador, por el contrario, sí es una máquina, sus componentes y funcionamiento se conocen perfectamente, dado que es el hombre quien lo ha construido. Incluidos, por supuesto, los ordenadores que aprenden y cambian su estructura y operatividad con la interacción con su entorno. Lo cierto es que el cerebro opera de un modo diferente a como lo hace un ordenador. Comparado a la relativa rigidez de un ordenador a la hora de resolver problemas, el cerebro posee infinitas vías para resolverlos y, sobre todo, los cerebros operan sobre la base de significados emocionales y de conciencia que no alcanzaría ningún diseño computacional.

Y así tantos otros, más de 50 neuromitos, que se van creando y algunos almacenando en el acervo popular. Por ejemplo, aquel que predicaba que se debe hablar bien una lengua antes de aprender otras. Falso. Los niños que aprenden dos lenguas de sus padres desde el nacimiento no las confunden entre sí. Es más, los niños que aprenden dos lenguas al mismo tiempo adquieren ventajas cognitivas y potencian las estructuras lingüísticas de su cerebro para el aprendizaje de otros idiomas posteriormente. Ya lo hemos visto a propósito del capítulo 11. O aquel otro que señala que el cerebro del hombre y la mujer difieren en la forma en la que aprenden. No hay datos fehacientes que lo demuestren. Y si eventualmente tal cosa fuera cierta, sería en tan pequeño grado que se vería difuminado por las propias diferencias individuales. Por último ese otro mito tan extendido, aceptado y creído por tanta gente en el mundo como es el de la percepción extrasensorial, cuando esta no existe, y que por extrapolación lleva a alimentar y mantener el pensamiento mágico, primitivo, frente al pensamiento crítico y analítico (referido en el capítulo 20).

Sin duda que en la creación de los neuromitos desempeña un papel sobresaliente la sociedad y la cultura de que se trate. Valga en este contexto el mito de la percepción extrasensorial que acabamos de mencionar. Por ejemplo, investigaciones recientes muestran que las variaciones en las creencias y el pensamiento mágico difieren de modo sustancial según se trate de una población en la que se encuentra constantemente amenazada la seguridad (guerras), hay desamparo, se teme por la salud y hay riesgo de perder la vida, frente a aquellas otras sociedades en las que la población siente seguridad, tiene buena educación y altos niveles de desarrollo económico. En este último tipo de colectividad el nivel de las creencias en lo sobrenatural y mágico es significativamente más bajo si se compara con las primeras.

15

APRENDIENDO CON MUCHA LUZ

¿Por qué enseñar a los estudiantes en clases amplias, con grandes ventanales y luz natural es mejor y produce más rendimiento en ellos que la enseñanza impartida en clases angostas y pobremente iluminadas? ¿En qué medida los colegios, los institutos de enseñanza media o las universidades, que se han construido y se están construyendo en las grandes ciudades, modelan la forma de ser y pensar de aquellos que se están formando? ¿Es posible que la arquitectura de los colegios no responda hoy a lo que de verdad requiere el proceso cognitivo y emocional para aprender y memorizar acorde a los códigos del cerebro humano, y verdadera naturaleza humana y sean, además, potenciadores de agresión, insatisfacción y depresión? ¿Hasta qué punto vivir constreñido en el espacio de un aula, lejos de las grandes extensiones de tierra con horizontes abiertos o montañas, árboles, de suelos alfombrados de verde o secos matojos no ha alterado los códigos básicos del aprendizaje y la memoria? Todas estas son preguntas actuales, persistentes, que inciden en la concepción de una nueva neuroeducación.

Hace bastante tiempo que sabemos que los habitantes de las grandes ciudades tienen unas tasas altas de ansiedad y neurosis, de estrés crónico y, desde luego, de enfermedades mentales, entre las que sobresalen la depresión y la esquizofrenia.

Es más, hoy sabemos, por estudios de resonancia magnética nuclear, que dichas personas tienen una actividad aumentada de varias áreas del cerebro emocional, entre ellas, y en particular, la amígdala, ese detector constante de miedos, peligros y dolores, pero también de la corteza cingulada, que focaliza la atención y forma parte de la organización de toda conducta emocional. Lo que sí sabemos es que, en su origen, estas dos áreas del cerebro, junto a muchas otras, son generadoras de la cascada de mecanismos que organizan las respuestas al estrés cada vez que una persona siente que se invade su espacio mínimo personal. Y todo esto está ya entronizado, de modo inconsciente, en los cerebros del ser humano actual. ¿Hasta qué punto esto no incide en la intimidad familiar e influye en el niño y su educación? ¿Acaso todo ello no conforma un marco de percepciones y emociones que envuelve un cerebro en formación? De lo que no cabe la menor duda es de que toda percepción genera una reacción emocional sutil o brusca y aguda, de bueno o malo, de atractivo o rechazo, de acercamiento o huida, de desagrado o belleza, y de esta percepción, aguda o continuada, de ese marco cotidiano, no está ausente el edificio, las paredes del aula, el aula misma y los espacios de recreo del colegio.

Y es de este modo que para los arquitectos del proyecto y la construcción de los colegios, o de cualquier otro edificio donde se enseña, empiezan a pesar considerandos importantes, como que los edificios que construyen no solo deberían tener exquisita razón y cálculo en su diseño y construcción, sino también emoción y sentimiento en grado sublime y, desde luego, su impacto sobre el funcionamiento específico de un cerebro que aprende y memoriza. La nueva neuroarquitectura estudia perspectivas inéditas con las que poder romper tiempos y espacios «a secas» para reconvertirlos en tiempos y espacios «humanos», en espacios de un nuevo orden y complejidad que obedezcan y potencien la expresión y el funcionamiento de los códigos que el cerebro trae al nacimiento. Con ello se espera establecer un nuevo diálogo con el entorno, creando en los colegios formas innovadoras que hagan sentirse a los niños con más bienestar mientras aprenden, memorizan y cambian, se conforman y construyen sus cerebros. Porque es cierto que el cerebro se remodela constantemente, ya lo hemos señalado, en los espacios que los arquitectos construyen y más si estos son colegios. Y a esto apunta la Academia de Neurociencias para el estudio de la arquitectura en Estados Unidos, que ha reunido arquitectos y neurocientíficos para «entre discusiones y tormentas cerebrales» poder concebir hoy nuevos modos de construir. Sin duda, esto debería tener una enorme repercusión para la neuroeducación.

Se trata de nuevos edificios en los que, aun siendo importante y fundamental su diseño arquitectónico, vayan más allá de sus paredes y se contemple la luz, la temperatura y el ruido que tanto influyen en el rendimiento mental, porque este se deteriora si las personas no se sienten a gusto donde están o hay estímulos en el entorno que los distraen o, en general, si las condiciones no son las adecuadas para la realización de una actividad mental determinada. Y, sin duda, esto es esencial en el caso del colegio. Pero controlar el nivel de luz, utilizar luz natural, mantener la temperatura y la humedad adecuada de la clase y los niveles de ruido puede resultar muy complejo y depende en gran medida de la idoneidad de cada niño, dándose el caso de que para algunos muy poco ruido pueda ser soporífero o situaciones en que la intensidad de luz adecuada para otros puede hacer difícil la lectura o la escritura para otros pocos. Y esto es todavía más crítico en la clase de alumnos de primaria (con cerebros envueltos en esa vorágine de crecimiento sináptico), para los que las fuentes de luz, el diseño de las ventanas o los flujos de aire pueden ser particularmente influyentes. Y todavía más allá, considerar los entornos del colegio donde se sigue educando y aprendiendo, y no debería ser lo mismo hacerlo en patios con paredes grises y cementadas o en espacios amplios, verdes y húmedos.

Y permítanme un añadido, que no deja de tener interés mirando a ese casi inmediato futuro que son los próximos 50 años. Me refiero a algunas reflexiones recientes acerca de la profusa construcción de rascacielos en el mundo y esa tendencia de las arquitecturas «hacia arriba» en las grandes ciudades, que encaja con esa otra tendencia que predice que las poblaciones de seres humanos vivirán en las grandes ciudades. Precisamente, los estudios de las Naciones Unidas ya adelantan que, de los más de 9.000 millones de seres humanos que posiblemente habiten la tierra en el año 2050, más de 6.000 vivirán en ciudades, es decir, dos de cada tres seres humanos nacidos en los próximos 30 años. Esto es lo que ha llevado a muchos arquitectos a justificar, basándose en la sostenibilidad de las ciudades, la difícil comunicación social, los transportes, así como la seguridad, salubridad, agua, alimentos y energía, que el futuro de estas grandes ciudades solo será posible si se construyen «hacia arriba» y no en horizontal, es decir, a vivir en futuros rascacielos. Pero ¿es posible hacer esto sin antes conocer en profundidad la fisiología del cerebro humano y sus códigos neuronales de funcionamiento? ¿Está el cerebro humano, millones de años viviendo y construyendo su naturaleza a pie de tierra firme, viendo, oliendo y tocando verdes, nieves y hielos, diseñado para vivir dos terceras partes de su vida en el aire, por encima de las nubes y en permanente visión de azules infinitos? ¿Podría ser este desconocimiento el origen de nuevas patologías, nunca antes conocidas, en un cerebro en desarrollo? ¿Podría, en relación específica con la enseñanza en los niños, violar los códigos heredados a lo largo de millones de años a ir en detrimento, pues, de la enseñanza y ese mismo aprendizaje? Esto ha llevado recientemente a considerar si esta civilización occidental, la más adelantada en tantas cosas, no estará malinterpretando la relación del hombre con un nuevo macroambiente que afecte al crecimiento y al envejecimiento, los sentimientos y los pensamientos, el aprendizaje y hasta la memoria ancestral de los seres humanos. Qué duda cabe que son estas preguntas y estas dudas las que han llevado a muchos arquitectos a un renovado interés en su trabajo y a considerar, ayudando a los neurocientíficos, encontrar nuevos niveles de exploración de la mente humana.

16

¿QUÉ ES RENDIMIENTO MENTAL?

Cualquier institución o centro de enseñanza viene marcado por una disciplina de trabajo a la que se espera se ajusten los estudiantes. Es decir, se espera que los estudiantes rindan, sean capaces de llevar ese ritmo de un modo eficiente. De modo que un alumno no solo ha de tener la capacidad de aprender y memorizar correctamente, sino que también ha de ser capaz de rendir; es decir, sostener activamente dicho proceso de aprender y memorizar de modo continuado y durante un cierto tiempo y ser además productivo y eficiente durante ese tiempo. Eso es rendimiento mental. Y eso es también fundamental no solo en el colegio, sino después en la universidad y más allá en cualquier aspecto de la vida social y profesional. Hoy comenzamos a conocer los sustratos cerebrales, cognitivos, que son la base de ese rendimiento mental que, obvio es decirlo, será más bajo en los niños o adultos con ciertas dificultades para la lectura, la escritura o las matemáticas. El rendimiento mental requiere al menos de tres procesos cognitivos que bien pudieran ser su base cerebral: la atención, la memoria de trabajo y las funciones ejecutivas. Cualquier alteración en cualquiera de estos tres parámetros produce cambios en ese rendimiento. De ellos hemos hablado por separado y en varios contextos en este mismo libro, pero he considerado que también pudiera ser de interés, por su relevancia y aun haciéndolo brevemente, considerarlos juntos en un capítulo aparte.

Por un lado, la atención. Sin focalizar la atención apenas se puede conocer nada de lo que nos rodea ni aprender y memorizar nada en cualquier trabajo, sea o no estrictamente intelectual. Lo primero que se requiere es una atención básica, la que conlleva estar alerta, despierto y, como ya hemos referido en el capítulo 8, con ella ser capaz de responder a sucesos o eventos provenientes del medio físico o social. Este es el estado atencional que determina la capacidad y la velocidad de procesar información. Dormir bien, ya lo hemos indicado también, es básico para mantener este tipo de atención. Y junto a ello, y en particular en el niño, la necesidad de considerar sus ritmos circadianos (alondra o lechuza), pues un niño poseedor de un ritmo circadiano lechuza (ritmo retrasado hacia delante) no podrá estar completamente despierto temprano, al principio de la mañana en el colegio, y se podría esperar de él un rendimiento mental bajo. Es evidente que, en relación con el rendimiento mental, estas consideraciones se aplican a cualquier persona, sea niño, adolescente, adulto o persona mayor. Igual de importante y a tener en cuenta es el periodo de la «siesta», de enorme relevancia en el contexto del rendimiento mental que estamos considerando, y de nuevo en particular en los niños. Es este un periodo biológico del ritmo circadiano que ocurre entre las 12 y las 14-15 horas del medio y es, por tanto, un periodo fisiológicamente de bajo rendimiento mental. Es evidente que junto a esta atención básica también se ven afectadas el resto de «atenciones cerebrales» y de manera especial la que hemos denominado ejecutiva y que se pone en marcha con el estudio o cuando se sigue la secuencia de razonamientos de un profesor en clase. Atención también referida a ese otro concepto que es el de «tiempo atencional» que refiere y que significa la capacidad de seguir durante un tiempo determinado un hilo argumental desarrollado durante el estudio o bien en el seguimiento de una clase, y que puede ser interrumpida por ciertas distracciones (un chiste en clase hecho por el profesor o un compañero o atender a alguna pregunta muy concreta mientras se estudia).

También la memoria de trabajo, segundo componente cognitivo que afecta al rendimiento mental, puede verse afectada por múltiples factores y entre ellos están, como los más importantes, los ritmos circadianos y el sueño que acabamos de mencionar en relación con la atención. La memoria de trabajo refiere a la capacidad de almacenar, evocar y utilizar una determinada información por un periodo de tiempo limitado. Es la memoria que sostiene el engarce de conceptos que permiten crear un razonamiento o argumento. Es la memoria que puede sostener un número de teléfono en la mente durante segundos, pero que, cambiado el foco atencional, se pierde. En ella hay dos componentes principales, por un lado el componente fonológico y por otro el visuo-espacial. El primero, el fonológico, refiere a la capacidad de comprensión verbal, es decir, escuchar y entender lo que se dice en clase o entender lo que alguien lee en un libro o lo que permite mantener una conversación, mientras que el componente visuo-espacial refiere más bien a la memoria de imágenes y la secuencia de imágenes (dibujo) o a la memoria de espacios y también las matemáticas. Si refiero a estos dos componentes como separados es porque también el cerebro los tiene separados en circuitos neuronales diferentes. La primera de estas dos memorias, la fonológica, se almacena en circuitos que se distribuyen principalmente a lo largo del lóbulo temporal del hemisferio cerebral izquierdo, mientras que la segunda, la visuo-espacial, depende sobre todo del lóbulo occipital del hemicerebro derecho. Como ya indiqué más arriba, el buen funcionamiento de ambos componentes de la memoria de trabajo es muy dependiente de los ritmos circadianos y el sueño.

Y, por último, las funciones ejecutivas que refieren a procesos cognitivos más complejos y que incluyen tanto la iniciativa como la planificación y el control de toda conducta, la toma de decisiones, y de manera sobresaliente la inhibición de muchas respuestas y el control o autocontrol en la relación con los demás. Como señalamos en el capítulo 11, las funciones sociales complejas tienen su sustrato cerebral principal en los circuitos neuronales de la corteza prefrontal. Y, a su vez, son también muy dependientes de las dos funciones que acabamos de repasar: la atención y la memoria de trabajo, de modo que como consecuencia también estas funciones ejecutivas se encuentran afectadas por la alteración de los ritmos circadianos y la deprivación de sueño.

Pero el rendimiento mental no es ajeno a otros factores relacionados con el entorno o el medio ambiente. Estos factores refieren a la propia aula donde se enseña y aprende, sea el ruido, la temperatura, la iluminación, la propia conducta del profesor o de otros niños. Influye, sin duda, y de forma negativa, el requerimiento por parte del profesor de una atención sostenida y sin descanso más allá del «tiempo atencional» normal y fisiológico; influye la exigencia de largos periodos de estudio no controlados, e influye algo en apariencia banal y no tenido en cuenta de modo rutinario como el estado nutricional del niño y, en particular, los niveles de glucosa.

Como final pienso que podría merecer la pena extraer algunas consideraciones importantes que pueden servir para mejorar, potenciar o al menos no afectar o disminuir el rendimiento mental, aplicadas a los niños en el colegio:

1) Controlar el tiempo que se adjudica a una tarea determinada, sea esta atender una clase teórica o de revisión, la escritura de un trabajo, la realización de algún trabajo manual, una clase práctica o cualquier otra tarea ejecutiva.

2) Tener en cuenta las diferencias individuales, en cuanto a los ritmos circadianos.

3) Escoger las mejores horas del día (en general coincidentes para todos los niños) para la realización de las tareas más complejas (media mañana o media tarde).

4) Optimizar las condiciones de luz, ruido, temperatura y todo lo que pueda producir distracción en el aula.

5) Comprobar que el niño no está deprivado de sueño o tiene falta de glucosa, lo que implica, insisto, sobre todo en los niños, recomendar que estos tengan un buen sueño nocturno y que disfruten de un buen desayuno antes de ir al colegio, o que tomen algún dulce a mitad de la mañana en clase. Y también recomendar siempre y en los niños pequeños un descanso o una pequeña siesta al friso del mediodía.

17

DESPERTANDO A LO NUEVO: INTERNET

Internet es una revolución cultural. Una revolución que puede facilitar en gran medida los procesos de aprendizaje, memoria y adquisición de nuevos conocimientos a mucha gente. De hecho, hoy, bien sea directamente por internet o libros descargados de internet, la lectura, para entretenimiento o para estudiar, aprender y memorizar temas va en aumento en el mundo. Una estadística reciente ha mostrado que el 50 por ciento de los niños americanos ya maneja formatos electrónicos para leer o estudiar, cifra que refleja un incremento significativo con respecto a 2010, que era del 25 por ciento. Y es en esta vía que las más prestigiosas instituciones docentes y de investigación internacionales se han embarcado en proyectos con los que poder ofrecer programas docentes a todo el mundo. Un buen ejemplo es el curso abierto del Instituto Tecnológico de Massachusetts en Estados Unidos que desde su inicio en el año 2002 ha ganado un merecido aplauso y reconocimiento internacional. Este curso es libre en la web y en él se ofrece todo tipo de material, desde clases teóricas a simulaciones prácticas.

Ya muchos piensan que internet bien pudiera ser el instrumento clave, más útil, para difundir en el mundo estos nuevos conocimientos sobre neuroeducación. Internet, se dice, si se utiliza adecuadamente, bien puede potenciar y expandir la enseñanza no solo en los adultos, sino también en niños y adolescentes. Y añado esto último «adecuadamente» para ser coherente con la idea, expresada en otra parte de este mismo libro (capítulo 11) acerca del colegio y sus beneficios (como institución) que en ningún caso deberían sustituirse por cursos o programas fuera de él. Ni tampoco, valga el inciso, impartir enseñanzas particulares en sustitución del colegio, sean estas realizadas por los padres o profesores que vayan a los domicilios. Ya hemos señalado que el colegio, en esos primeros años del niño, es fundamental en sí mismo como instrumento para la construcción cerebral cognitiva y social del niño. Con todo, internet es una realidad de la que se puede obtener el máximo provecho como complemento para la enseñanza. Y esto vendrá potenciado en los próximos años, en los que se espera poder crear programas que incorporen aplicaciones como pudieran ser no solo el reconocimiento de voz personal, profesor-alumno, sino también estímulos auditivos, visuales y somestésicos (movimiento) y aun de olores para determinados experimentos con los que mimetizar una realidad sensorial virtual. La capacidad de estos nuevos programas para expandir las posibilidades reales de influencia en los procesos de aprendizaje puede ser espectacular.

Internet, sin embargo, puede ser un instrumento que entraña ciertos riesgos si no es utilizado adecuadamente. De hecho, en las sociedades occidentales en particular se respira cierta preocupación acerca de este tema. Muchos padres comienzan a darse cuenta (a ser de verdad conscientes), del tiempo que sus hijos, pequeños y adolescentes, pasan delante de una pantalla de ordenador navegando en busca de información, contactando con amigos a través de Facebook o Twitter, o simplemente bajando juegos de la red. Ese tiempo son muchas horas, que pueden oscilar entre tres y siete al día. Y, por supuesto, también para los estudiantes universitarios que navegan en casa o entre clase y clase, o incluso en la misma clase, aclarando dudas o conceptos con los que discutir después con sus profesores. ¿Acaso no comenzamos a comunicarnos con los compañeros de trabajo, aunque tengamos los despachos casi juntos, a través de internet? Y la pregunta clave es la siguiente: ¿Todo esto está haciendo un bien o un daño al cerebro? Lo cierto es que en prestigiosos foros internacionales hay voces que se alzan para señalar que estas nuevas tecnologías pueden producir un daño en el cerebro de los niños, pues es cierto que navegar en internet necesita de un foco de atención muy corto y siempre cambiante, y ello puede ir en detrimento del desarrollo de una atención sostenida, ejecutiva, que es la que se requiere para el estudio. De hecho, empieza a hablarse de una nueva forma de atención producida por internet. Y esto no es baladí, pues ya conocemos los varios tipos de atención con circuitos neuronales específicos y es posible que el entrenamiento excesivo de unos pudiera ir en detrimento del funcionamiento de los otros y, en consecuencia, afectar los procesos de aprendizaje y memoria. Es más, se ha sugerido que todo ello pudiera reducir el tiempo que queda para dedicar al pensamiento reposado, lento, profundo y verdaderamente creativo. En este concepto de la atención son curiosos los resultados de un estudio que muestra que los niños pequeños que veían la televisión varias horas al día, tiempo después, en la edad escolar, algunos de ellos presentaban problemas de atención en el colegio.

En el lado negativo, internet se ha relacionado con el aumento en el número de niños que padecen trastorno de hiperactividad y falta de atención en el colegio. Y también con un daño en las conductas fundamentales de relación emocional y personal, como la empatía. Y finalmente, ya en el lado más patológico, ser la causa de ese síndrome de «adicción a Internet» del que ya más de 25 millones de niños han sido diagnosticados en China, con el consiguiente desarrollo, como toda adicción, de conductas antisociales. Frente a todo esto hay otras voces que claman en sentido contrario, bien señalando que internet no produce ningún daño o que incluso pudiera ser beneficioso para el cerebro en su adaptación a los nuevos tiempos. Dicen algunos, «el mundo cambia y todo aquel que no cambie con él se quedará simplemente atrás y ahí sí comenzarán las patologías». En cualquier caso, lo que sí es una realidad es la plasticidad del cerebro y su enorme flexibilidad y adaptación a estímulos nuevos cambiando sus conexiones neuronales. Internet no es diferente. Internet hoy es un instrumento poderoso para el aprendizaje al que todo ser humano se ve sometido en la sociedad y las culturas en las que vive. Y eso es aprender y memorizar, es decir, en esencia, cambiar el cableado y la estructura del cerebro. De todos modos, ¿por qué los cambios producidos por internet tendrían que ser cambios para mal?

Por los pocos estudios cerebrales con resonancia magnética realizados hasta ahora en personas de mediana edad y mayores que ya han tenido una buena experiencia navegando por internet, se ha visto que hacerlo activa regiones cerebrales que no se activan en personas no iniciadas o poco iniciadas en estas tareas. En personas entrenadas y mientras se navega se produce una alta actividad en regiones como la corteza prefrontal (toma de decisiones, planificación futura, actividad mental y razonamientos complejos), corteza cingulada (atención y convergencia de percepciones y emociones en la toma de decisiones) o el hipocampo (aprendizaje y memoria) y algunas otras áreas del cerebro límbico, como el núcleo accumbens (emoción, placer y recompensa). No se sabe si esta actividad, persistente y sostenida a lo largo de mucho tiempo, puede producir cambios permanentes y, por tanto, tener consecuencias para la conducta social de los individuos. ¿Podrían producir estos efectos un refuerzo positivo para las funciones que codifican estas áreas cerebrales o, por el contrario, ser negativos a muy largo plazo? Lo cierto es que en estas mismas áreas cerebrales, que acabo de referir, junto a otras, es donde se han encontrado los cambios en el cerebro de los adolescentes adictos a internet, como por ejemplo disminuciones en el volumen de la sustancia gris (posiblemente disminución de los contactos neuronales —sinapsis—) o su anormal mielinización y la correspondiente alteración en los circuitos neuronales que codifican para sus funciones específicas.

Estos hallazgos que acabo de señalar ¿podrían proveer de una indicación de cambios futuros permanentes en el cerebro de las personas normales, no adictas, pero que utilizan internet durante muchas horas al día? Con estos cambios del cerebro ¿podría internet iniciar una revolución cognitiva como ha venido preconizándose desde ciertos foros? ¿Podría internet, y su casi instantánea accesibilidad al conocimiento, producir un recableado cerebral que nos lleve a una nueva manera de aprender, manejar nuestras memorias, pensamientos y emociones? ¿Una nueva sociedad producida por ese mundo virtual que llamamos internet?

18

EVALUANDO A QUIENES TIENEN DIFICULTADES: DE LA ANSIEDAD, DISLEXIA Y ACALCULIA AL AUTISMO Y LAS LESIONES CEREBRALES SUTILES

Investigaciones recientes muestran que aun con la ayuda, sin duda valiosa, de las nuevas tecnologías docentes, la enseñanza cara-a-cara en las aulas y la tutorización es el procedimiento más efectivo de instrucción para el aprendizaje. Y es con este cara-a-cara que el maestro, además, es capaz de detectar o intuir síndromes, lesiones cerebrales o enfermedades que repercuten en un déficit del niño para aprender y memorizar y para educarse de un modo normal. Y es luego cuando se puede avanzar en el remedio o tratamiento temprano de algunos de estos procesos. De hecho, hoy se comienzan a conocer marcadores objetivos capaces de evaluar el progreso de los niños en la enseñanza y, consecuentemente, detectar problemas en ese avance. Por ejemplo, la medida de un potencial evocado, el llamado componente P3, que se puede obtener durante la ejecución de ciertas pruebas, refleja tanto el proceso atencional como el control o la capacidad de inhibición frente a la conducta impulsiva, así como la mejora en la lectura y la matemática. Y más allá de ello hoy se poseen las técnicas de imagen que pueden ayudar a localizar áreas del cerebro que son sustrato físico o funcional de estas dificultades, ayudando de este modo al control del efecto de posibles tratamientos. Y todo esto es viable hacerlo en niños de cualquier edad. Por ejemplo, hoy son conocidas las dificultades especiales que encuentran algunos niños de 12-13 años (aun a esta edad «tardía») con el álgebra y que podrían ser reflejo de la actividad anormal detectada en ciertas áreas cerebrales, cosa que no ocurre obviamente en los niños que no tienen estos problemas. Pues bien, en estos adolescentes se vienen desarrollando programas conductuales que hoy ya se puede decir que mejoran su rendimiento. De ahí el valor práctico y objetivo de estas técnicas y estudios para medir el avance de los niños en la enseñanza y además conocer y ayudar a aquellos que presentan ciertas dificultades en este progreso. El valor de cuanto acabo de señalar es sobresaliente dado que está cada vez más claro lo importante (y resolutivo muchas veces) de un tratamiento puramente conductual temprano en muchos de estos procesos.

En el colegio el maestro es el primero que tropieza con múltiples y diversos síntomas, trastornos y enfermedades que, aun asomando en la conducta de los niños de forma temprana y muy sutil, interfieren o adelantan que van a obstaculizar el proceso normal de aprendizaje. Por ejemplo, cambios en el mundo emocional del niño que se expresan en ansiedad, depresiones reactivas o, más allá, en trastornos más específicos, como el trastorno por déficit de atención e hiperactividad (TDAH). Y ya en otro terreno, dislexia, discalculia, autismo o lesiones específicas del cerebro. Cada vez es más conocido el papel funcional de la emoción como sustrato y componente de los procesos cognitivos. Y en la enseñanza y el aprendizaje estos componentes emocionales son fundamentales. En los niños en particular este componente emocional puede ser especialmente delicado. Sabemos que la amígdala y los circuitos neuronales que alberga esta estructura, en conexión con otros circuitos de otras áreas del sistema límbico, desempeña un papel en la detección de señales de significado social y, en particular, a través de la percepción de las caras y sus expresiones de miedo, disgusto o preocupación. Sin duda, tales expresiones de las caras del profesor y también de los otros niños en el registro del cerebro del niño, en el día a día, representan una función trascendente en la enseñanza. Y aún de modo más especial en el caso de niños que sufren precisamente problemas de relación social, como los niños que padecen el síndrome de Asperger. En estos niños se ha visto que la amígdala tiene un volumen mayor que en aquellos que no lo padecen. Otro caso son los niños que han sufrido abusos físicos, una educación rígida y ausente de cariño o son reflejo reactivo a situaciones de estrés en el seno de la familia y desarrollan síndromes ansiosos o depresivos que interfieren con el proceso normal de aprendizaje. En general son niños que no interpretan bien las reacciones emocionales de los demás, a los que atribuyen, de modo equivocado, cierta rabia o agresión hacia ellos y, en consecuencia, reaccionan con miedo, lo que entorpece su proceso educativo. Muchos de estos niños, de modo inconsciente, parecen dedicar parte de su atención a la lectura emocional de las caras y las posibles expresiones de amenaza, lo que desvía su foco de atención en detrimento de su aprendizaje. En particular en estudios de neuroimagen en niños que padecen síndromes con ansiedad desarrollados tras sufrir un proceso traumático, bien cerebral o psicológico, se han detectado fallos en las conexiones entre la corteza orbitofrontal y la amígdala. Lo positivo de todo esto es que tratamientos conductuales tempranos parecen ser beneficiosos y hasta resolutivos.

En general, los problemas que padecen los niños, y que recaen en una falta de atención hacia lo que se les enseña, son el centro de mayor preocupación de todo aquel que se dedica a la educación y la enseñanza. La atención, ya lo hemos dicho muchas veces a lo largo de este libro, es quizá la puerta cerebral que al abrirse activa los circuitos cerebrales que activan, a su vez, los procesos de conciencia (estar despierto) y darse cuenta de las cosas y, con ello, aprender, memorizar y alcanzar conocimiento. Y de ahí la importancia sobresaliente de sus déficits y patología. Pero no solo adquiere interés e importancia este capítulo de la atención en los niños en el colegio o en la adolescencia o en la universidad, sino en la gente de la calle, en los acontecimientos sociales de todos los días. Respecto a este último, no me resisto a contarles, por lo significativo del caso, un estudio sociológico reciente que refiere a esa atención en relación con el reconocimiento de las caras de las personas, aunque sea en un contexto un tanto alejado del meollo de este capítulo. La historia es la siguiente. Sabemos que alguien es nuestro compañero de clase, de trabajo, nuestro padre o, para el caso, un desconocido por el reconocimiento consciente que hacemos de sus caras. Pues bien, ese reconocimiento tan común en todo el mundo y asumido por todos hoy sabemos que está impedido en algunas personas. Es la «ceguera para las caras», una patología conocida como «prosopagnosia» y que se pensaba que en la población en general, digamos normal, era muy rara. Sin embargo, se ha comprobado que, por ejemplo, este proceso afecta al 2,5 por ciento de la población en Alemania. Lo curioso es que estas personas, con este defecto cognitivo grave, pasan inadvertidas en sus relaciones sociales o en el trabajo. Nadie, o muy poca gente, se da cuenta de ello. Y se debe a que quienes padecen ente síndrome tratan de esconder u ocultar su defecto, por sus consecuencias bien laborales, bien en sus relaciones sociales. ¿Cómo logran estas personas desviar la atención de los demás de modo que no sean capaces de detectar que padecen este defecto? Lo hacen desarrollando otras capacidades cognitivas «compensatorias» que les permiten suplir su déficit. Y es que el reconocimiento visual de las caras es solo una subtarea de la tarea global que conlleva el reconocimiento de una persona. El impedimento producido por la prosopagnosia, a cierto grado o nivel, puede ser compensado por otras funciones, por otras vías cognitivas, tales como el reconocimiento de la voz o determinadas características del cuerpo o cabeza, como por ejemplo el pelo, la apreciación de su forma y color, la forma de las orejas, la forma típica y personal que tienen de peinarse y vestirse, o de caminar y moverse en general, o los gestos y manierismos de esa persona. De hecho, muchas de las tareas cognitivas están compuestas de la convergencia de otras muchas cuya convergencia, a su vez, da lugar a la función cognitiva principal. La sustitución de alguna de ellas por otras puede ayudar a realizar la tarea principal.

Pero volvamos a los niños y su desatención por lo que se les enseña en el colegio. Por ejemplo, hay niños con capacidades normales pero que solo pueden prestar una atención limitada a lo que les enseña el maestro, y, por lo demás, desarrollan una conducta normal, tanto con sus compañeros como con el propio profesor, por eso pasan inadvertidos para él. Son casos en los que hay un descenso en el rendimiento escolar y de muy difícil diagnóstico. Pero, junto a ello existe un extenso marco de trastornos que afectan a la atención de un modo más severo, de más alto grado, y que son más fácilmente detectados por el maestro. En este último rango se encuentra el trastorno por déficit de atención e hiperactividad (TDAH, y conocido internacionalmente por las siglas en inglés, ADHD *—atentional déficit, hiperactivity disorder—*). Es este un síndrome tipificado y conocido (aun a pesar de la enorme variabilidad de los síntomas y lo confuso como entidad nosológica, pues se encuentra muy entremezclado con muchos otros grupos sindrómicos) que puede desarrollarse junto con la hiperquinesia y con una capacidad disminuida para valorar las señales básicas que se enseñan en el colegio (comportamiento correcto a partir de la norma que establece el maestro). Son niños que, en mayor o menor grado, cambian constantemente su foco de atención hacia estímulos que sobresalen en el entorno, bien sea un ruido extraño, lo que está haciendo el compañero o los gestos de otros niños, disminuyendo la atención ejecutiva necesaria para aprender y memorizar adecuadamente. Algunos de estos niños, además, presentan una cierta impulsividad o reacción anormal en su conducta. Y es hoy cuando se comienza a encontrar tratamientos, no farmacológicos, para mejorar su comportamiento.

Algunos de estos tratamientos conductuales se realizan a través de juegos de ordenador que despiertan su interés y curiosidad, a la vez que ejercitan un foco atencional sostenido. Muchos de estos juegos son muy simples. Por ejemplo, uno de ellos consiste en enseñar al niño a seguir el movimiento de un gato que aparece en una pantalla de ordenador, utilizando *un joystick*. En la pantalla del ordenador se puede ver, además del gato, un pato que nada y va cruzando un pequeño lago. Al niño se le pide que mueva el gato, no para que lo acerque al pato, sino para que se adelante y señale el punto de la otra orilla del lago donde, se supone, va a llegar el pato (y, eventualmente, cazarlo allí) (el pato nada en línea recta, lo que deja entrever el punto de la orilla aproximado donde va a llegar). Este juego se sigue de otro más abstracto, consistente en pedirle al niño que en la línea de números que se le muestra en la plantilla de un ordenador (en símbolos grandes y pequeños) señale aquellos dos que representan las mayores cantidades, estando precisamente estos números representados con los dígitos del tamaño más pequeño (el niño tiene que focalizar su atención para resolver un problema que consiste en señalar los números que simbolizan cantidades grandes escritos con dígitos más pequeños). Hay otros juegos, como mostrar al niño una línea de gatos, peces o cangrejos, y que este señale el gato, pez o cangrejo que mira en dirección contraria a la que llevan todos los demás de la línea. El puntero con el que el niño señala el pez seleccionado marca, además, el tiempo que tarda en detectar la dirección diferente y también los aciertos o errores. Pues bien, estos juegos y el entrenamiento contribuyen a mejorar la capacidad atencional de estos niños. Hay un estudio (realizado en niños de entre cuatro y seis años que padecían ADHD) que muestran que este tipo de tratamiento conductual, repetido varias veces al día y solo durante cinco días, produce una mejora en esa atención ejecutiva, expresada en ser capaz de distinguir fallos que se encuentran en la lectura de un libro u ordenador, pero no mejora su conducta de desatención e hiperactividad en la clase. Es posible, sin embargo, sugieren los expertos, que es este el camino que debiera permitir diseñar nuevos programas, tests y tiempo de aplicación (duración del entrenamiento) más prometedores para el tratamiento de estos problemas de la atención de los niños durante el desarrollo.

Hay otros muchos niños que, a pesar de tener una inteligencia normal y desde luego las mismas oportunidades de aprender que los demás en el colegio, presentan dificultades al enseñarles a leer. Son niños que sufren dislexia. Esta interfiere también en la escritura, y ambas dificultades claramente enlentencen su rendimiento mental. Estudios de neuroimagen realizados paralelamente a valoraciones psicológicas llevadas a cabo en estos niños disléxicos sugieren que el trastorno clave en su dificultad para aprender a leer reside en el mal procesamiento de las señales auditivas que se suceden muy rápidamente durante el lenguaje (palabras leídas o habladas en voz alta). Precisamente hoy se sabe que la dislexia se debe, en parte, a una alteración en los circuitos neurales para la fonología. Es curioso que en los niños normales muy pequeños, al inicio de la alfabetización, cuando escuchan palabras que se les leen, se activa esta área auditiva (corteza temporal superior) en ambos hemisferios cerebrales, tanto el izquierdo como el derecho. Pero ocurre que con el progreso de la alfabetización se va potenciando la actividad del área cerebral izquierda a la vez que disminuye la activación de esa misma área en el hemicerebro derecho. Con el tiempo la actividad del área cerebral izquierda aumenta un máximo, mientras queda solo un mínimo en la derecha. En los niños con dislexia, sin embargo, este patrón de actividad cerebral que acabo de describir es diferente. Durante el desarrollo de la alfabetización, atípicamente, su área temporoparietal derecha continúa siendo activada durante la lectura (cuando en niños normales tal activación ha cesado). A la vez, estos niños con dislexia muestran una relativa menor actividad de este área en su hemicerebro izquierdo. Y es interesante que con los tratamientos actuales, por lo general a través de programas de ordenador, para interpretar de forma correcta las palabras leídas en voz alta y, tras oírlas, no solo interpretarlas sino escribirlas (modelo computacional «doble-vía»), recuperen las habilidades de sus compañeros y la actividad cerebral se reconvierta a patrones normales, con un aumento selectivo de la actividad en el hemisferio izquierdo. Este modelo que acabo de mencionar también ha servido a los neurocientíficos cognitivos no solo para comprender los circuitos neurales alterados responsables de la dislexia, sino también cuáles son los circuitos neuronales que son sustrato cerebral de los procesos normales fisiológicos para aprender a leer.

La discalculia es otro síndrome que dificulta, en este caso, la capacidad para aprender matemáticas y cálculo. Es, como la dislexia, relativamente fácil de detectar en los niños. Casos sutiles de discalculia ocurren al menos entre el 3 y el 6 por ciento de los niños, que es un número bastante importante. Sin embargo, la discalculia ha recibido mucha menos atención que la dislexia. En este síndrome los niños confunden números (contar) y signos numéricos (la representación simbólica de una cantidad) y presentan dificultades para hacer cálculos mentales elementales, como sumar y restar dos cifras fáciles. Los números no parecen tener ningún significado para estos niños, que no tienen facilidad, o incluso algunos presentan completa incapacidad, para distinguir la diferencia entre un número alto (por ejemplo, el 10) y un número bajo (el 2). La discalculia es una discapacidad que puede ser altamente selectiva en el sentido que no afecta a la memoria en general o al aprendizaje de todo aquello que no sean números. Son niños sin dificultades en su relación con profesores u otros niños. Sin embargo, sí puede coexistir con síntomas de otros síndromes que aparecen durante el desarrollo, como la dislexia o el ADHD. Aunque es un síndrome que presenta una alta heredabilidad, es susceptible de tratamiento conductual. No obstante, incluso después de un tratamiento altamente selectivo que mejora este déficit, casi siempre persisten trazas de esta disfunción en los adultos, aun en aquellos que han desarrollado altas capacidades cognitivas en el resto de sus habilidades intelectuales.

La capacidad de contar y hacer matemáticas, ya lo referimos en capítulos previos, parece residir en circuitos neurales distribuidos en áreas de la corteza cerebral, como la parietal, la frontal y también la corteza cingulada y muy en particular el segmento horizontal del surco intraparietal de ambos hemisferios cerebrales. Hoy comenzamos a saber del funcionamiento de este surco intraparietal, que parece ser crítico para entender la magnitud representada simbólicamente de los números. De hecho, se ha visto que al menos en niños y utilizando registros por resonancia magnética funcional es la única área que se activa con claridad cuando se les pide que estimen la diferencia entre cantidades grandes y pequeñas; por ejemplo, que digan si 2 es mayor o menor que 10. Es más, cuando a un individuo adulto, normal, se le aplican estímulos magnéticos en esta área del cerebro y con ello se produce su desorganización funcional, la capacidad de esa persona para leer los números y entender cantidades se bloquea mientras dura el estímulo, lo que no ocurre cuando tales estímulos se aplican a otras muchas áreas del cerebro. Lo cierto es que casi todos los procesos cerebrales que tienen que ver con números y matemáticas implican la actividad del surco intraparietal, aun cuando también desempeñan un papel el resto de la corteza parietal y las otras áreas de la corteza cerebral que ya hemos señalado. Precisamente se ha podido distinguir un área prefrontal que parece más involucrada en la resolución de cálculos matemáticos exactos. Un buen ejemplo de ello se ha encontrado en pacientes con lesiones específicas. De modo que con una lesión cerebral de la corteza frontal izquierda, que les produce una afasia con incapacidad para construir una frase o utilizar palabras, no pudieron deducir, si «2 + 2» eran 3 o 4 indicando con claridad un déficit en su capacidad para alcanzar el resultado exacto de una suma. Sin embargo, cuando a estos mismos pacientes se les preguntó si el resultado de esa suma se aproximaba más al 3 o al 9, estos señalaron el 3 de un modo claro y consistente. Y, al contrario, pacientes con lesiones de la corteza parietal, principalmente izquierda, que mantuvieron una relativa capacidad para sumar fueron incapaces de sensar cantidades numéricas (es decir, una incapacidad por ejemplo para decidir qué número, en una serie, es el que se encuentra entre el 2 y el 4 o si el 9 es más cercano al 10 o al 5) junto con una relativa conservación de esa otra aritmética que se basa en el lenguaje, por ejemplo, sumar. Se piensa que es del juego e interacción entre estos dos tipos de redes neuronales (corteza parietal y corteza frontal) de donde arrancan los matices cognitivos que subyacen a las habilidades matemáticas y que son diferentes en cada persona. Sin duda, un mayor conocimiento de estas redes ayudaría a desarrollar métodos para la enseñanza de las matemáticas en los colegios y, en cualquier caso, el maestro debería poseer estos conocimientos, pues tal vez sirvieran para poder ayudar con ello a desarrollar los talentos matemáticos individuales y más genuinos. Se ha especulado mucho acerca de si los niños que padecen discalculia han tenido un desarrollo normal del surco intraparietal. Y, en efecto, un estudio reciente ha sugerido que en algunos de estos niños las neuronas de esta área presentan un patrón dendrítico anormal.

Por su parte, los niños con autismo tienen enormes dificultades para el aprendizaje en general, dado que presentan trastornos de su conducta en relación con los demás. Son niños que manifiestan cambios constatados en el funcionamiento de sus cerebros y, en particular, han sido involucradas la actividad de áreas como la corteza prefrontal medial, la amígdala y la corteza temporal superior, donde parece haber conexiones sinápticas anormales. Es este un síndrome complejo, diverso y de características profundamente individuales. No hay dos niños que etiquetados con autismo, y aun etiquetados con grados de intensidad similares, sean iguales en sus síntomas y sus desarrollos. El autismo es, en realidad, la etiqueta de un saco que posiblemente contiene múltiples y diversos matices de la enfermedad, como sin duda ocurre en otras, por ejemplo la esquizofrenia. Y esta diversidad no solo refiere a los síntomas, sino también a lo cerebral y lo genético. Hoy sabemos que la genética es muy heterogénea en los casos de autismo, lo que confirma cuanto acabo de decir respecto a los cambios cerebrales y su expresión en la conducta de estos niños.

Los niños con autismo presentan problemas en su capacidad para captar las intenciones o el estado emocional de los demás, de ahí que su síntoma nuclear sea la ausencia de relación empática con los otros niños y los profesores. El niño autista presenta problemas para ese aprendizaje temprano que es la imitación, así como para seguir esa atención compartida con los adultos que ya describimos en el capítulo 3. No deja de ser curioso, y es consecuente con ese defecto emocional que acabo de señalar, que niños muy jóvenes con autismo prefieren escuchar cualquier tipo de sonido antes que los que se aproximan a algo que se parezca a los sonidos del lenguaje hablado, incluso el sonido de las palabras de la madre. Precisamente un test evaluando el nivel en estas preferencias ya anticipa el grado de severidad de los síntomas clínicos de autismo. Pero de nuevo, como en los casos de dislexia o discalculia que hemos comentado antes, muchos casos de autismo son susceptibles de mejora con entrenamientos conductuales y apropiados, si son aplicados temprano durante el desarrollo.

No podemos dejar a un lado, en esta visión a vuelo de pájaro, a los niños con dificultades por haber padecido daños en sus cerebros, bien durante el parto o por traumatismos a edades tempranas y cuyas consecuencias se han dejado notar en su capacidad de aprendizaje en el colegio. El rango de este capítulo de la neurología es tan amplio como uno pueda imaginarse. Para cerrar este capítulo me referiré solo a un grupo de esos niños de especial relevancia, precisamente por pasar tantas veces inadvertido y confundido con otros déficits conductuales. Este es el grupo de niños que han sufrido un daño en la parte más anterior de su cerebro, en la corteza prefrontal. Es curioso que estos niños, durante su desarrollo, pueden aprender de modo tan normal como sus compañeros de clase, siendo tan capaces como ellos para razonar o resolver un problema o adquirir conocimiento. Sin embargo, pronto apuntan, entre los rasgos de su personalidad, ciertas tendencias antisociales, en el sentido de no respetar las normas que establece el maestro para la relación con sus compañeros o incluso con el propio maestro o en el seno de la familia. Son niños que pueden pasar por «rebeldes», pero es fácil detectar en ellos una cierta «rigidez mental», en el sentido de que aprenden con dificultad a cambiar o rectificar sus conductas a pesar de que se les enseñe a distinguir, claramente, y de modo cuidadoso y personal, lo que está bien de lo que está mal. A ello se añade en muchos casos una conducta agresiva. Sin duda, que un maestro avezado en conocimientos elementales de estos casos, así como los casos de dislexia, discalculia o autismo, puede poner en conocimiento de los padres esta situación para la correspondiente intervención médica o psicológica.

19

ENSEÑANDO EN LA UNIVERSIDAD O CÓMO CONVERTIR ALGO SOSO EN ALGO INTERESANTE

La universidad, para aquellos que han tenido las posibilidades de acceder a ella, es donde el cerebro continúa formándose y transformándose de un modo clave y determinante. Es en la universidad donde los estudiantes construyen, de un modo casi definitivo los planes de su vida futura tanto profesional como personal. Y es en la universidad donde, como lo fue el colegio o las instituciones de enseñanza media antes, los profesores se convierten en el eje alrededor del cual gira esa transformación.

En el colegio hay niños o adolescentes brillantes que luego florecen definitivamente en la universidad. Y también niños «normales» en el colegio que, después, y de modo lento, comienzan a «brillar» en la universidad. Y hay otros estudiantes que pasan todo ese largo proceso de aprendizaje, desde el colegio hasta la universidad, de una manera opaca. Pues bien, hay muchos estudiantes de cualesquiera de esos tres grupos, artificiales en muchos sentidos, y que acabo de mencionar, para los que pasar por la universidad solo les ha servido para adquirir una profesión. Tras la licenciatura no les ha quedado un poso especial, un antes y un después de alto calado, un cambio significativo en su personalidad, su madurez intelectual, emocional y humana. La universidad ha sido para ellos un paso importante, desde luego, una etapa de amistades, experiencias, madurez, alegrías, penas, pero solo un trozo más de ese segmento crucial de su vida. Para otros, sin embargo, la universidad ha significado una experiencia «especial», profunda, una experiencia que ha dejado una impronta nueva, un sello definitivo que ha cambiado el rumbo hacia su futuro. Son esos estudiantes que dicen que la universidad ha transformado su vida. Y en eso han influido de manera sobresaliente algunos de los profesores que han encontrado a lo largo de su carrera. Profesores universitarios que, reconocen los estudiantes, les han dejado huella. Y a ello ha contribuido, aparte de la materia específica que les han enseñado, la forma como lo han hecho y la interacción que han establecido con ellos. Estos profesores, dirán algunos alumnos, han destacado no solo por su conocimiento profundo de lo que enseñaban, sino también por su comunicación empática, emocional en clase. Incluso más allá de esto, resaltan algunos alumnos, por la profundidad de sus reflexiones en clase que a veces, o muchas veces, han alcanzado ideas que han desbordado la materia impartida y el propio programa docente. Son ideas, dicen algunos, que han calado tan profundo que han dejado una marca emocional que les ha transformado y orientado dentro y fuera ya de la universidad. A estos profesores se les reconoce como profesores excelentes.

Los profesores excelentes han sido la brisa que ha movido la veleta cerebral que ha reorientado o drásticamente cambiado el futuro profesional o personal de muchos alumnos. Acerca de estos profesores se han dicho frases como las siguientes: «sus clases han iluminado mi futuro», «es capaz de convertir algo soso en algo siempre interesante», «después de sus clases siempre me quedo con ganas de saber más sobre la materia», «es un profesor que llega», «antes de cursar esta asignatura, la verdad, no esperaba nada y todo lo tenía claro y casi decidida mi especialidad dentro de la carrera. Ahora no. He cambiado mucho». Es más, en general, los resultados de los exámenes puestos por estos profesores siempre han sido buenos, lo que, por otra parte, no es algo exclusivo de un profesor excelente. Buenos resultados en los exámenes, incluso resultados sobresalientes, los puede obtener un profesor regular o incluso malo, dado que ello en buena medida depende también, y yo diría sobremanera, de la motivación y las capacidades del estudiante. Pero no deja de ser significativo que en la variedad de disposición, motivación y talento de un grupo de estudiantes, sean estos profesores excelentes los que de un modo consistente consiguen que sus alumnos, globalmente considerados, obtengan resultados también excelentes.

Hay estudios en los que se ha tratado de tipificar y entresacar algunas características que pudieran definir estos profesores excepcionales. Y esto no ha sido fácil, pero, en general, algunas consideraciones son claras. Es decir, se trata de profesores que rompen las reglas, que escapan a las normas comúnmente establecidas en la enseñanza, tanto que incluso algunas veces son duramente criticados por aquellos «puristas de la enseñanza». Estos profesores excelentes en sus clases, con independencia de la materia de que se trate, bien sea de humanidades, ciencia, abogacía o medicina, hablan, en medio del discurso de sus materias, de algún acontecimiento, sea social, político o personal y siempre, claro está, con implicaciones para el desarrollo personal y emocional de los estudiantes; es decir, de asuntos que atraen la atención por su interés y proximidad social. Muchos refieren, por ejemplo, al valor del pensamiento crítico y la creatividad en su profesión y en la enseñanza universitaria o al valor de la ética, los valores, las normas y su significado. Y lo hacen, a veces, en el contexto de la clase y en periodos que pueden durar de dos a tres minutos. Estos periodos son aleatorios en el tiempo y bien pueden ser expuestos en el transcurso de la clase como acabo de indicar, o al inicio o al final, incluso no haber ninguno de estos periodos. El hecho, además, es que estas reflexiones permiten un cierto descanso intelectual en los estudiantes sobre la materia que se les está explicando.

En una ocasión, en una reunión de profesores, en que se comentaba acerca de todos estos ingredientes que hacen como conjunto a un profesor destacado, se puso de relevancia ese componente que se llama «comunicación», alguien «que comunica muy bien» es alguien que, en definitiva, posee algunas dotes de actor; es decir, de llegar a quien escucha, de despertar la curiosidad y abrir los ojos de la atención. A la postre, un componente emocional posiblemente innato. Se han hecho algunos experimentos en este sentido que han corroborado estos asertos. Hace ya más de 40 años unos profesores contrataron a un actor para que diera una clase con un alto tono emocional, entretenida, llena de entusiasmo y de acercamiento al público como él hacía en el teatro, pero con poco contenido académico e incluso haciendo confusos algunos conceptos. Cuando más tarde se pidió a quienes atendieron la clase que la calificaran, acorde a una determinada escala de puntuaciones, esta calificación fue muy buena. Esto indicaba con claridad que el componente de comunicación, de emoción, era tan importante como pudiera serlo la misma manteria impartida. Y este es un hecho que no debería sorprender a nadie. Es de experiencia común que una clase, un discurso o una conferencia, aun teniendo un contenido de alto interés, si se imparte de una forma anodina, sin entonaciones en el discurso y sin ese vehículo que es el que engancha a la gente, y que se llama entusiasmo o emoción, no se califica de interesante y no lo es porque no despierta al asistente, no abre esas ventanas de la atención de las que hemos hablado en este libro. Esto me recuerda a Cicerón, cuando remarcó el valor de la palabra «para emocionar, enseñar y convencer».

Todo esto nos habla de que un buen profesor a cualquier nivel de la enseñanza y por mucho conocimiento y entrenamiento e interés en enseñar que posea, puede no alcanzar nunca los niveles de excelencia que hemos comentado. Es decir, hay ingredientes importantes en los profesores excelentes, como ya he señalado antes, que parecen que los llevan ya dentro de sí. Y el componente emocional es uno de ellos. Sin duda, esa emoción innata viene matizada, modulada, en buena medida por el entorno de los padres o inmediatos familiares, por propio entrenamiento e incluso por enseñanzas posteriores recibidas. Pero parece cierto que se nace con el núcleo de esa emoción. En una ocasión se hizo un experimento que ayuda a entender algo lo que acabo de apuntar. El experimento consistió en mostrar a unos estudiantes vídeos de profesores (que ellos nunca habían visto u oído antes) dando clase. A estos alumnos se les pidió que valoraran con unos cuestionarios, y a distintos intervalos de tiempo, la calidad docente y capacidad motivadora de estos profesores. Esta escala de valores ya había sido utilizada previamente por otros estudiantes que, tras un periodo de seis meses, valoraron positiva o negativamente la docencia de estos mismos profesores. La idea de este estudio era conocer el tiempo mínimo que los nuevos estudiantes, visionando los vídeos, necesitaban para alcanzar una puntuación similar a los estudiantes que ya antes habían valorado a estos profesores. El estudio mostró algo sorprendente. Y es que, los nuevos estudiantes, al muy poco tiempo, minutos, tras ver y oír a los profesores ya dieron puntuaciones similares a las dadas por los estudiantes tras los seis meses de interacción con estos mismos profesores. Esto indica que un estudiante, ya desde el principio, recibe la impronta emocional que le permite detectar, con exquisita precisión, a un buen o a un mal profesor. Todo esto nos confirma que los profesores excelentes tienen ese ingrediente que antes mencionamos, y que a través de la emoción les permite generar empatía, sea con los gestos, la entonación de las palabras, la construcción de las frases y el contenido de las mismas o la facilidad de acercar y hacer entender esos contenidos al que escucha.

Tras muchos estudios se han sacado conclusiones sobre algunas de las características que adornan a estos profesores universitarios excelentes (Bain, 2007). Estas son:

1. Los profesores extraordinarios poseen una compresión intuitiva del aprendizaje humano. Destacan, al conocer y preparar una materia qué es lo que podría hacer atractivo el tema, haciéndolo curioso y transformando lo «soso» en algo «interesante».

2. Sin excepción, los profesores extraordinarios conocen en profundidad la materia que enseñan y están al día de esos conocimientos.

3. Son gente que lee (y de alguna manera lo expresa en clase ante los estudiantes) materias de campos muy distantes al suyo, lo que les permite abordar sus explicaciones desde visiones diferentes aun cuando convergentes hacia el concepto o pieza de estudio de que se trate.

4. Tratan de involucrar emocionalmente a los estudiantes du-

rante la clase y provocar, a veces con discusiones, la clarificación de algunos aspectos complejos de la misma.

5. Siempre muestran a los estudiantes su interés no solo porque aprendan y el éxito en sus exámenes, sino porque comprendan bien el significado de lo que se explica en clase, de modo que aun tratándose de una materia muy específica repercuta en su vida y su personalidad.

6. Hacen ver a sus estudiantes que parte de su éxito, como profesor, está en el propio éxito del estudiante.

7. Hacen participar al estudiante de lo que él enseña de manera que el propio estudiante se sienta crítico, evaluador, capaz de mostrar que «ha digerido» lo que ha aprendido.

8. Los grandes profesores cuando explican una materia utilizan como ingrediente los nombres y alguna anécdota de quienes descubrieron o contribuyeron a crear el conocimiento que se expone. Y aun también, si el mismo profesor ha investigado en esa materia, dando alguna visión de sus éxitos o sus fracasos, de sus alegrías y sus frustraciones durante el camino que llevó a esos conocimientos. Dando si se quiere, y en definitiva, una visión de realidad con la que se alcanza lo que se enseña.

9. Y finalmente, los grandes profesores son aquellos que han investigado y conocen en profundidad de lo que hablan, rompen de pronto la clase y hablan abiertamente del sentido de la vida, de la cultura que nos cubre y protege, del respeto y el alcance de todo lo que nos rodea, del misterio, siempre por resolver, de ese último significado de todo lo que existe.

20

CIENCIAS Y HUMANIDADES: FORMANDO EL PENSAMIENTO CRÍTICO Y CREATIVO

La neurociencia cognitiva comienza a desentrañar los ingredientes neuronales del pensamiento humano. De cómo, en el cerebro, se elaboran las ideas, esos abstractos que, hilados coherentemente, constituyen el razonamiento hasta alcanzar conocimiento. Y también se comienzan a conocer las «razones neuronales» que distinguen el pensamiento crítico y analítico de aquel otro más primitivo que es el pensamiento mágico. El pensamiento crítico o analítico es el que reflexiona acerca de hechos observados utilizando el método científico. Método que, aplicado con rigor y escrutinio, permite elaborar una hipótesis y basado en ella realizar experimentos conducentes a comprobarla o rechazarla, y ello haciéndolo con ideas (filosofía) o bien en el laboratorio (ciencia). Es un pensamiento que conduce (en línea recta, directa, y bajo un foco de escrutinio consciente y un proceso de razonamiento riguroso, matemático o lógico) a la solución de problemas y que implica, en lo social, desterrar su antagónico: el pensamiento mágico.

Lo cierto es que estos son tiempos de cambios. Se avizora en el horizonte un cambio de cultura que contempla una nueva educación con la que poder construir un sólido pensamiento nuevo, crítico y creativo, alejando las brumas de ese otro pensamiento más primitivo que ha existido desde el origen mismo de la humanidad pensante y que aún persiste en el mundo y no permite todavía el florecimiento del pensamiento verdaderamente creativo. El pensamiento mágico, el que no relaciona causa-efecto con rigor y crítica, el hacedor y mantenedor de lo sobrenatural, es un instrumento ya inútil para avanzar en este mundo nuevo, pues lleva consigo la semilla de lo estéril al aceptar que el mundo está ya construido y terminado y que al hombre solo le queda redescubrirlo. Es, por tanto, un instrumento falso para seguir avanzando en el verdadero conocimiento. El pensamiento crítico, por el contrario (el que utiliza el método científico), es el que lleva implícito que todo se hace *di novo* y con el que se construye y se pone un orden en las cosas, conceptos y acontecimientos, y se clasifica y se crea el verdadero conocimiento. Ese salto cualitativo es el que aporta la ciencia.

Pero no es este el único camino que crea conocimiento. Hay otro, que es de alguna manera complementario a este último, y que se llama precisamente pensamiento creativo. Los dos tipos de pensamiento corren caminos cerebrales diferentes, aun cuando, podríamos decirlo así, son complementarios el uno del otro. El pensamiento creativo es aquel que se pone en marcha cuando tras comenzar a trabajar con un problema, persiguiéndolo crítica y científicamente se llega a la convicción de no poder continuar al no encontrar vía posible por la que alcanzar una solución definitiva. Y en esa situación de incertidumbre y frustración lo aparca y comienza a trabajar o preocuparse de otras cosas. Se dice que, en estos casos, el individuo se ha olvidado casi por completo de su cuestión no resuelta y comienza a trabajar en otros temas u otros proyectos. Pero lo cierto es que el problema, si es de importancia sobresaliente, sigue en su cabeza y preso de una «atención inconsciente». Y es el trabajo del cerebro, bajo esa atención inconsciente, el que de pronto, ante un fuerte estímulo externo o espontáneamente sin más, lleva al individuo a una especie de «sacudida luminosa» y encontrar en ese momento la solución que tiempo atrás fue incapaz de encontrar. Es el caso famoso de Arquímedes y la corona de oro del rey Hierón de Siracusa, y tantos otros descubrimientos geniales. Es decir, se alcanza la solución del problema de un modo no predecible. La creatividad es un fenómeno complejo, un constructo cerebral y mental con muchos ingredientes y todavía muy difícil de explicar en el contexto de la neurociencia. Pero es este un pensamiento, sin duda, de valor inestimable tanto en humanidades (filosofía) como en ciencia.

Las sociedades occidentales tienen una necesidad clara de crear un nuevo foco que ilumine, potencie y ponga bajo estudio la formación del pensamiento crítico y creativo, es decir, una educación y una enseñanza reorientada hacia ese pensamiento que lleva a alcanzar un conocimiento crítico por lo verdaderamente desconocido, el logro por lo auténticamente nuevo. Y esto debería comenzar en las escuelas, que es donde todavía no se enseña. Y digo en las escuelas, porque es allí donde realmente se inicia todo. Y solo si nace allí, en los colegios, puede alcanzar con pie firme a las universidades. Y en estas últimas reformarlas, principalmente en lo que se refiere a la docencia, pero también a la propia investigación. Hoy todavía en muchas universidades se sigue enseñando sobre datos enlatados, en libros de texto, en el blanco y negro que aparcan los hechos obtenidos en el laboratorio y que siempre tienen una sombra de gris. Esta enseñanza empieza a ser criticada, a ser menoscabada de alguna manera, por no ser acorde a la crítica que debe conllevar siempre cualquier logro científico y su explicación. Pero, además, porque ello va en detrimento de la formación de estudiantes que quieren dedicarse a la enseñanza universitaria y, en particular, a la formación de estudiantes de posgrado (doctorado) en los que falta una «mentalización» hacia la crítica perseguida de «cualquier verdad», asumiendo que toda verdad, científica o filosófica, es siempre discutible, falsable.

La universidad, por tanto, debe cambiar. Debe haber una revolución en los métodos con los que se enseña a los estudiantes de grado. Como ya he apuntado antes, se debe comenzar un nuevo proceso de educación que debe nacer primero en los colegios para seguirse en esas universidades. Pero esto no ocurrirá, en general, a menos que las instituciones más prestigiosas del mundo, lo que incluye agencias gubernamentales, academias, sociedades científicas y revistas científicas, den a esta enseñanza y a la investigación sobre estas enseñanzas el soporte y atención que claramente necesitan. Esto último es algo, sin embargo, que asoma ya en el horizonte. Se avizora con esperanza que la educación alcance un estatus de preeminencia que todavía hoy no tiene. Y es en este horizonte en el que se contempla la enseñanza del pensamiento creativo que, de hecho, todavía no se enseña en las universidades. Sí existen cursos que orientan y explican en qué consiste este tipo de pensamiento, pero lo cierto es que se ignora en la mayoría de las instituciones docentes. Prestigiosas revistas científicas, sin embargo, están dedicando espacio y publicando trabajos y editoriales que van creando ese clima necesario que facilite al mundo académico ver la importancia de este otro tipo de pensamiento para el avance «rompedor» en el conocimiento nuevo. Con este tipo de pensamiento creador al estudiante se le introduce en la idea de que le permitirá ir más lejos en la solución de problemas que utilizando solo el pensamiento crítico y analítico, y que con él encontrará respuestas no esperadas, no predecibles, rompedoras, verdaderamente nuevas y verdaderamente creativas.

En el entrenamiento y la enseñanza de este pensamiento creativo a los estudiantes, y ante un problema determinado, muy difícil, se les pide que piensen que las soluciones pueden ser muchas y que, en el caso de encontrar una, esta no es la definitiva, pues puede haber otras y mejores. Se les enseña que vean el problema presentándolo de modo que ello permita generar el mayor número de ideas posibles. Esto se conoce como crear el clima para un pensamiento asociativo. Después se les pide que se tomen todo el tiempo que necesiten para encontrar soluciones y aun que abandonen el pensar en el problema por algún tiempo y que durante ese tiempo hagan otras cosas, dejen «vagar la mente», pues sabemos que si el estudiante está muy motivado su mente trabajará todo el tiempo, de modo inconsciente, en el problema. Y es posible que de pronto se le ocurra una respuesta con una idea verdaderamente nueva, diferente, no perseguida antes. Este proceso opera cuando, como digo, se deja vagar la mente. Hoy sabemos que este pensamiento y las nuevas ideas que alumbra requiere de un sustrato neuronal diferente al del pensamiento crítico y analítico y que recluta redes neuronales distribuidas en parte por las cortezas temporales de ambos hemisferios cerebrales y en particular en el hemisferio derecho.

21

NEUROEDUCADORES: FORMANDO NUEVOS PROFESIONALES

En estos momentos todo el mundo reconoce los avances que, desde distintas disciplinas, permiten detectar en niños problemas cerebrales y psicológicos que les impidan un normal aprendizaje en clase. Y también ciertos progresos de la neurociencia cognitiva que permiten entrar en el análisis de aquellos componentes de la educación, como la curiosidad, la atención, la emoción y la cognición, que pueden ayudar a enseñar y aprender mejor. Pero también todo el mundo observa, y desde luego los maestros de modo muy particular, los pocos adelantos logrados para que todo esto pueda aplicarse de modo sistemático en los colegios y que los maestros tomen ventaja de ello. En cualquier caso, lo que sí hay es un gran consenso en cuanto a esa necesidad, cada vez más perentoria, de poner juntas neurociencia y educación, es decir, de crear un puente sólido entre estos dos terrenos del conocimiento, porque es cierto que nos encontramos a las puertas de alcanzar nuevos conocimientos que puedan ser utilizados para una buena enseñanza. Y es que hace muy poco las teorías acerca de cómo se aprende han sido basadas, en su mayor parte, en observaciones de la conducta. Y es solo ahora cuando los educadores han empezado a tomarse en serio el papel del cerebro en el proceso de aprendizaje individual. Así pues, el tema de cómo funciona el cerebro en el proceso de aprendizaje está en el centro del interés de todos los círculos contemporáneos de la enseñanza, dado que ello puede permitir obtener conocimientos que den lugar a la creación de nuevas técnicas y herramientas útiles para ello.

Los maestros conocen desde hace ya largo tiempo los mil y un problemas que afloran en muchos niños a la hora de aprender en clase. Desde problemas que pueden estar relacionados con las diferentes modalidades sensoriales, sean el sistema visual, auditivo u otros, a los casos más conocidos que han constituido en particular el capítulo 18 de este libro, a casos de niños que tienen dificultades, por ejemplo, para aprender las letras por el sonido pero sí son capaces de hacerlo cuando ven las palabras, o casos que pueden leer bien visualmente pero son incapaces de reproducir esta lectura a la hora de escribir. Y así cientos, miles, de trastornos y síntomas que afectan al proceso normal de la educación y el aprendizaje en los niños. Pero también, en el lado contrario, los educadores son conscientes de las limitaciones que tienen a la hora de descubrir la mejor forma de enseñar a los niños superdotados, la mejor forma de encontrar vías que, en general, estimulen y despierten el interés y la curiosidad de estos niños y la mejor forma de aumentar su rendimiento mental. Y también, el modo más adecuado de conseguir que los niños con un rendimiento alto no despierten antipatías y se sientan bien, creen empatía y desarrollen talentos ejecutivos capaces de hacerlos mejores luego en la sociedad. Y buscar la vía de encontrar y hacer coherente todo eso con la individualidad de cada niño, siempre diferente a la de los demás. Pues bien, casi todos los maestros piensan que todo ello debe venir de la mano de un mayor concierto entre la neurociencia, la psicología y las ciencias de la conducta.

Todo esto nos habla de forma muy resumida del interés que los maestros tienen por el cerebro. Aquí viene el problema. Y es que los maestros tienen reservas acerca de que los neurocientíficos sean las personas más adecuadas para transferir esos nuevos conocimientos. Todo el mundo sabe del lenguaje, de la jerga tantas veces difícil y abstrusa de los científicos y eso les lleva a hablar de la necesidad de que, de alguna forma, se contemple en esa transmisión de la que hablamos utilizar un lenguaje sencillo, directo y asequible, bien por el científico o por personas que conociendo muy bien la neurociencia transmitan estos conocimientos. En esta línea se ha sugerido la posibilidad de que sean neurocientíficos —alejados ya de la primera línea de investigación, que se hayan dedicado a la educación y que posean capacidades docentes contrastadas— las personas más adecuadas para esa transmisión. Y abundando en esta última idea también se ha sugerido que estas personas serían además ideales para retroalimentar y canalizar preguntas que, nacidas en el seno de la interacción con los maestros, sirvieran a los neurocientíficos que trabajan activamente en temas de educación para diseñar nuevos experimentos o estrategias cuyos resultados fueran, a su vez, de valor para la enseñanza. De esta tormenta de posibilidades se ha concebido la figura de un nuevo profesional que bien podría llamarse «neuroeducador». De hecho, es esta una figura profesional nueva de la que se viene hablando desde hace ya algún tiempo, sin mayores consecuencias ni aplicabilidad y que quizá sea ahora cuando comienza a tener una verdadera relevancia. El neuroeducador, neurociéntifico o no, sería una persona entrenada con una perspectiva interdisciplinar capaz de hacer de puente entre los conocimientos del cerebro y cómo funciona y los maestros, enseñando a estos últimos sobre los avances más recientes de la neurociencia aplicables a la enseñanza y haciéndoles capaces de detectar en cada niño ciertas enfermedades o déficits que, incluso siendo síntomas sutiles, impidan a los niños aprender bien, correctamente y poder así contactar con los padres y puedan estos reconducirlos al especialista, bien psicólogo o médico.

Al neuroeducador se le podría considerar, si se quiere, como un «maestro de referencia», un maestro especial con capacidad de complementariedad a los maestros de una escuela a los que ayude a corroborar o confirmar, desde el principio, qué niños tienen ciertos déficits para leer, escribir o para el aprendizaje de las matemáticas, pero también con formación capaz para detectar capacidades superiores, extraordinarias o selectivas en otros niños. Por tanto, un maestro con un grado de formación mucho más alto que la licenciatura de magisterio al que, repito, podríamos ver como un vigía privilegiado capaz de reconocer temprano todo cuanto acabamos de mencionar, así como apreciar talentos innatos en niños que, aun no tratándose de superdotados, son especiales y que, como aquellos, se desarrollan temprano, para poder así potenciarlos y hacer más progresiva y eficiente su enseñanza. Neuroeducador sería también aquel maestro especialista capaz de leer y criticar correctamente los conocimientos básicos provenientes de la neurociencia, y con ello evaluar y criticar los programas que se ofrecen al colegio sobre beneficios posibles de su aplicación en las aulas.

El neuroeducador debería ser como un consultor que reciba la información individual de cada alumno en relación con cualquier singularidad, sea déficit o en exceso, y los problemas que se puedan dar en la clase. Es decir, un profesional que trabajando conjuntamente con los otros maestros pudiera ayudarlos con su labor docente. Es más, el neuroeducador debería ser alguien que entienda bien no solo la rutina diaria de la enseñanza, sino también, de alguna manera, capaz de instrumentar o ayudar a otros a crear programas nuevos o de investigación en cómo, basándose en la práctica, se pueden detectar mejor y con más facilidad los déficits que se presenten en cualquier niño en las aulas. El neuroeducador debería recibir enseñanzas especiales, es decir, cursos —además de los correspondientes y específicos de un maestro— que le permitieran detectar los síntomas más frecuentes que interfieren con el aprendizaje, clases por tanto de educación, psicología, neuropsicología, neurología y medicina. Se necesitan estos profesionales en los colegios. Yo los veo como un futuro ocupando ya el presente.

El neuroeducador en el futuro, y por su repercusión social, bien pudiera ser una profesión de alto calado. Una profesión que requerirá un entrenamiento constante y actualizado de los acontecimientos que ocurren en este campo de la enseñanza y que asoman de modo acelerado a las sociedades modernas. Ahora mismo ya se vislumbra una convergencia de descubrimientos en psicología, neurociencia y robótica (robots con capacidad de aprender) que lleva a la idea de que pronto ocurrirán cambios profundos en las teorías educacionales actuales que alumbrarán nuevos diseños aplicables al medio ambiente en el que aprenden los niños. Uno de ellos es la poderosa influencia de todo lo social como llave para aprender bien. Muchos especialistas se están preguntado ¿qué hace que la interacción social, emocional, a edades muy tempranas sea un catalizador tan poderoso para el aprendizaje? ¿Qué factores sociales son los elementos claves que pudieran utilizarse para potenciar la curiosidad natural de los niños hacia la gente y las cosas que le rodean? Se piensa que estas preguntas básicas podrían conducir a una nueva ciencia del aprendizaje.

Hoy, en ese futuro incrustado ya en el presente como acabo de señalar, se ha venido a pergeñar en algo de detalle qué cursos podrían ser requeridos para obtener esta especialización o diplomatura o, quizá en el futuro, grado de neuroeducador. Valgan los puntos siguientes como esbozo de lo que digo:

1. El neuroeducador debería tener un conocimiento completo de la anatomía humana, incluido el periodo de desarrollo anatómico en todo el arco humano desde la concepción y realizar un curso completo de neurobiología básica.
2. Debería tener conocimientos suficientes de psicología, neurología y neuropsicología, así como realizar un curso de neurofisiología clínica y con ello poder detectar los síntomas de las principales enfermedades, síndromes o lesiones cerebrales que afectan a los niños.
3. Cursos básicos en fisiología de la percepción sensorial, visual, auditiva y táctil, aprendizaje, memoria, atención, emoción, cognición y funciones motoras.
4. Un curso de fisiología y patofisiología del desarrollo, con especial énfasis en trastornos sensoriales y motores que potencialmente interfieran con leer, deletrear, escribir y el aprendizaje de las matemáticas.
5. Un curso que facilite la enseñanza de la comunicación verbal y los componentes emocionales (empatía) de la misma, lo que conlleva conocer la estructura del lenguaje y las unidades elementales, como morfemas, palabras, frases, la entonación, la cadencia en las frases cuando se habla. Y por último,
6. Un curso sobre desarrollo de la personalidad que facilite detectar problemas psicológicos cuyo origen se encuentre en la relación con los compañeros o los mismos profesores.

ALCANZANDO ALGUNA CONCLUSIÓN

Aprender algo nuevo significa, en términos neurobiológicos, cambiar el cerebro. De ahí se deduce, ya de entrada, que la neurociencia, y en particular la neurociencia cognitiva, es relevante para la educación. De ello se sigue que conocer las funciones del cerebro, desde cómo procesa la información sensorial y ejecuta los actos motores, pasando por las funciones cognitivas, emoción, atención, los ritmos circadianos y los mecanismos neuronales del mismo aprendizaje y la memoria es importante si se quiere avanzar en el proceso de cómo mejorar el aprendizaje en las escuelas, en los institutos de enseñanza media, en las universidades y aun el aprendizaje en personas mayores. Y más allá, ayudar a descifrar los sustratos que subyacen en los cerebros y que construyen la individualidad de cada uno. Y todavía más allá, también parece evidente, estos conocimientos ayudarán a entender los trastornos del desarrollo que afectan a la educación y la enseñanza de los niños, permitiendo a los neuroeducadores detectarlos en el colegio y a los neurocientíficos y neurólogos diseñar estrategias que permitan una intervención terapéutica durante ese mismo desarrollo. Neuroeducación implica todo eso, es decir, estudiar y aplicar los conocimientos del cerebro para una mejor enseñanza.

Mucha gente admite que la neuroeducación se presenta como un campo nuevo, prometedor, para la educación y la enseñanza. Sin embargo, ya hay quienes advierten, ya lo apuntábamos en la introducción de este libro, del entusiasmo peligroso y muestran su escepticismo por esta nueva andadura. Y voces que replican a estos últimos señalando que ambas actitudes son perjudiciales para el desarrollo y la investigación en este terreno. Estas críticas deberían aceptarse como positivas, en el sentido de que sirvan para encontrar la mesura y el valor real de esta nueva perspectiva que hemos llamado neuroeducación, de modo que permita trazar o determinar los límites o bordes que demarquen su contenido y su aplicabilidad de un modo útil y práctico. Lo cierto es que neuroeducación todavía alberga quizá más preguntas que respuestas, pues lo «neuro» es un campo de enorme expansión actual, tanto en la extensión de sus límites como en la profundidad de sus contenidos. Algunas de estas preguntas son las siguientes: ¿cuánto podemos esperar de un entrenamiento que cambie el cerebro? ¿Podemos esperar que el entrenamiento conductual selectivo de algunas habilidades cognitivas puedan mejorar el rendimiento de los niños en general e independientemente de sus capacidades innatas y hacerlos más capaces? ¿Qué poblaciones de niños serían los más susceptibles de mayor avance? ¿Y cuánto podrían durar esos cambios? ¿Qué ventanas plásticas durante el desarrollo serían las más adecuadas para actuar? ¿Se podrían aplicar estos entrenamientos con métodos capaces para que los cambios del cerebro alcancen más allá de la escuela? ¿Se podría esperar encontrar intervenciones conductuales capaces de ayudar a mejorar, y aun eliminar, tantos déficits para aprender de los niños que duraran toda la vida? ¿Se podrían diseñar programas que puedan ayudar a los niños a prepararse para los desafíos que encontrarán cuando adultos en las sociedades en las que van a vivir? Dadas las ventajas cognitivas encontradas, ¿habría que hacer a todos los niños, desde muy temprano, bilingües o trilingües? Son muchas preguntas, pero sin duda son las que expresan al menos el fogonazo y el estado actual de la neuroeducación.

GLOSARIO

Parte de este glosario, que bien pudiera ayudar en la lectura y mejor comprensión del texto, ha sido extraído del *Diccionario de Neurociencia* de Francisco Mora y Ana María Sanguinetti (Alianza Editorial, Madrid 2004).

Amígdala Estructura cerebral en forma de almendra compuesta por un conjunto de núcleos de características histológicas diferentes. Está situada en el seno del lóbulo temporal. Forma parte de los circuitos que participan en la elaboración de la emoción y motivación y en el control del sistema nervioso autónomo o vegetativo.

Aprendizaje Proceso que realiza un organismo con la experiencia y con el que se modifica su conducta. Está íntimamente asociado a los procesos de memoria. Conlleva cambios plásticos en el cerebro que hoy se creen relacionados con la actividad sináptica.

Áreas visuales de la corteza cerebral Sobre la base de estudios funcionales y de conexiones, las áreas visuales de la corteza cerebral han sido subdivididas en más de 25 áreas diferentes. Las principales incluyen: V1 = Área visual estriada primaria; V2 = Área visual situada alrededor de la V1 de la que recibe información; V3 = Área visual que recibe información de la V2 y proyecta a su vez a la V4 y V5; V4 = Área visual situada entre los bordes de la corteza temporal, occipital y parietal; V5 o MT (medial temporal) = Área visual situada en la corteza temporal medial; MST (medial superior temporal) = Área visual situada en el lóbulo temporal en su parte medial y superior.

Atención Proceso neuropsicológico que dispone para seleccionar entre varios estímulos aquel al que responder. Hoy se conocen varios tipos de atención con sustratos neurales diferentes.

Cerebelo Es un órgano situado posteriormente al bulbo y la protuberancia. En él se distinguen la parte intermedia o vermis y los dos hemisferios cerebelares. Consta de una corteza cerebelar y núcleos profundos. Desempeña un importante papel en el control de la actividad motora voluntaria y en los procesos de aprendizaje y memoria implícitos.

Cerebro En la actualidad es un término no claramente definido y consensuado. En general refiere a toda aquella parte del sistema nervioso central (SNC) que está contenida en la caja craneana, excluido el tronco del encéfalo y el cerebelo.

Circuito neural Serie de conexiones neuronales en las que la transmisión de la señal se realiza por la acción e interacción de varios neurotransmisores y que codifican para funciones específicas.

Código Serie de símbolos o reglas usados con significado específico y que conforman un sistema de comunicación.

Colículo superior Tubérculo cuadrigémino superior. Núcleo par, laminado, de la parte dorsal del cerebro medio. Las capas superficiales de este núcleo reciben información visual (a través de aferencias directas desde la retina), mientras que las profundas reciben información táctil y auditiva.

Comunicación neuronal Proceso de comunicación y transmisión de información entre neuronas utilizando un código determinado.

Corteza cerebral Capa neuronal de la superficie externa cerebral del hombre y organismos superiores. En el ser humano su superficie total es de unos 2.200 cm^2 y su espesor oscila entre 1,3 y 4,5 mm, con un volumen de 600 cm^3. Típicamente se diferencian seis capas, que existen en más del 90 por ciento del total de la corteza.

Corteza cingulada Parte medial de la corteza cerebral que forma parte del sistema límbico y se relaciona con los mecanismos cerebrales que intervienen en los procesos de la atención, la emoción y la motivación.

Corteza entorrinal Área de la corteza cerebral (cinco capas) que recibe aferencias de corteza sensorial, áreas corticales de asociación y sustancia negra del tronco del encéfalo (dopamina). Proyecta al hipocampo a través de la vía perforante.

Corteza frontal Refiere a toda la corteza del lóbulo frontal, lo que incluye el polo anterior de los hemisferios cerebrales desde la cisura de Rolando.

Corteza parietal Corteza relacionada con las sensaciones somáticas, lenguaje y procesamiento y control visuo-espacial.

Corteza prefrontal Corteza de asociación situada en la parte más rostral del lóbulo frontal. Su definición y límites neurofisiológicos vienen dados por las proyecciones del núcleo dorsomedial del tálamo. Se subdivide en diversas otras áreas: corteza prefrontal orbitaria y dorsal (en el primate) o medial dorsal y orbitaria (en la rata). Entre las muchas funciones en las que participa se encuentran el control del mundo emocional a través del sistema límbico, memoria operativa o funcional *(working memory),* programación o planificación del acto motor voluntario y de actos a realizar en un inmediato futuro y función inhibitoria de influencias tanto externas como internas.

Corteza premotora Área de la corteza cerebral situada rostral o anterior al área motora primaria con la que se encuentra íntimamente conectada. Se cree que se relaciona con la programación cortical de los movimientos voluntarios.

Corteza temporal Parte de la neocorteza relacionada con el procesamiento de la información auditiva y visual, emociones y memoria declarativa.

Corteza visual Parte de la corteza cerebral situada en el polo occipital y relacionada con la visión.

Cuerpo calloso Comisura entre los dos hemisferios cerebrales. Banda de fibras nerviosas que van de un lado del cerebro al otro y comunican los hemisferios cerebrales integrando sus funciones y permitiendo a las neuronas de los dos hemisferios sincronizar su actividad.

Demencia Deterioro mental general de causa orgánica. Clínicamente se caracteriza por desorientación, pérdida de memoria, delirio y trastornos afectivos. Se acompaña de fenómenos psicóticos (ilusiones y alucinaciones).

Emoción Reacción conductual y subjetiva producida por una información proveniente del mundo externo o interno (memoria) del individuo. Se acompaña de fenómenos neurovegetativos. El sistema límbico es parte importante del cerebro relacionado con la elaboración de las conductas emocionales.

Fobia Miedo o angustia, sin fundamento real u objetivo, producido ante algún objeto o espacio. El término fobia se utiliza como sufijo en algunos términos para indicar el objeto o espacio que inspira tal vivencia.

Ganglios basales Serie de núcleos situados en la base de los hemisferios cerebrales (de ahí su nombre). Llamados ganglios por ser ese el término aplicado por los histólogos del siglo XIX a los grandes grupos de neuronas. Los constituyen los núcleos caudado y putamen (ambos reciben el nombre de Cuerpo estriado) y el *globus pallidus* con sus segmentos externo e interno. Funcionalmente el complejo estriado-pálido actúa en conexión con el núcleo subtalámico (recíprocamente interconectado con el pálido) y la sustancia negra (*pars* compacta y *pars* reticular, interconectada con el estriado). Los ganglios basales reciben información de grandes áreas de la corteza cerebral y del sistema límbico. Su función está relacionada con la planificación del acto motor y la memoria motora.

Giro o **circunvolución temporal superior** Circunvolución de la cara medial de los hemisferios cerebrales formada por la circunvolución lingual y el giro del hipocampo.

Glía Término genérico para referirse a las células no neurales del sistema nervioso central.

Glutámico, ácido Ácido alfa-amino glutárico (COOH–CH–(NH_2)–CH_2–CH_2–COOH). Participa en el almacén metabólico de la neurona (reacciones de transaminación, ciclo de Krebs) y como neurotransmisor en sinapsis excitatorias. Neurotransmisor muy abundante en el sistema nervioso central de mamíferos. Neurotransmisor que media las sinapsis de transmisión rápida, plasticidad neuronal y, si se acumula en el espacio extracelular, produce fenómenos neurotóxicos y muerte neuronal.

Hemisferio cerebral Cada uno de los dos grandes lóbulos anterodorsales del telencéfalo del cerebro de los vertebrados.

Hipocampo Circunvolución situada en la región anteromedia del lóbulo temporal, que resulta de la internalización, en los mamíferos, de un córtex arcaico desarrollado en reptiles y mamíferos primitivos. Se compone principalmente de dos estructuras: giro o fascia dentada y el cuerno de Ammon. Consta de tres capas (molecular, granular y polimorfa). Forma parte del sistema límbico. Estructura fundamental en el registro de diferentes tipos de memorias.

Hipotálamo Estructura localizada por debajo del tálamo y por encima del quiasma óptico y de la silla turca que participa en la regulación de los sistemas neurovegetativo y endocrino. Forma parte fundamental de los circuitos de control neural de la ingesta de alimento, agua, sexualidad y temperatura. Se encuentra integrado por agrupaciones neuronales o núcleos.

Hipótesis Uno de los tres pilares del método científico (observación, hipótesis y experimentación). Proposición o enunciado teórico que puede ser comprobado experimentalmente y que está sujeto a posible contraensayo por posterior observación y experimentación.

Jet-lag Término inglés que refiere al síndrome de malestar, apatía e insomnio subsiguiente a la realización de un vuelo transoceánico. Se hace evidente cuando se cruzan más de cinco meridianos (husos horarios). Este síndrome es resultado del desfase que se origina entre los diferentes ritmos biológicos.

Lenguaje Conjunto de sonidos con un significado mediante el que el hombre comunica lo que piensa o siente. Es el ejemplo más importante de la lateralización cerebral.

Lóbulo Subdivisión de un órgano o parte de un órgano delimitada por su forma, cisuras, surcos, tabiques, etc. En el cerebro, lóbulo es cada una de las partes de la corteza cerebral separadas por cisuras.

Lóbulo frontal Una de las cuatro principales divisiones de la corteza cerebral. Se encuentra situado anterior a la cisura central o de Rolando. Está relacionado con la programación y ejecución de los actos motores, incluido el habla y con el control de la conducta emocional.

Lóbulo límbico Giro y estructuras asociadas con la superficie medial y basal del hemisferio cerebral que rodea el tallo cerebral superior. Incluye el giro subcalloso, los giros paraolfatorios anterior y posterior, el giro cingulado, el istmo, el hipocampo, el giro parahipocámpico y el uncus y la amígdala. Desempeña un papel importante en la conducta y la emoción.

Lóbulo occipital Una de las cuatro principales divisiones de la corteza cerebral. Forma la parte más posterior de los hemisferios cerebrales. Su límite rostral se encuentra en la cisura parietooccipital. Está relacionado primaria y principalmente con el procesamiento de la información visual.

Lóbulo parietal Una de las cuatro principales divisiones de la corteza cerebral. Está delimitado en su borde anterior por la cisura de Rolando (cara externa) y por la cisura perpendicular interna o surco parietooccipital (cara interna). Se distinguen: la circunvolución parietal ascendente (poscentral), la circunvolución parietal superior y la circunvolución parietal inferior.

Lóbulo temporal Una de las cuatro principales divisiones de la corteza cerebral. Está situado ventral a la cisura de Silvio en cuya cara externa presenta las circunvoluciones superior, media e inferior.

Memoria Capacidad de evocar respuestas aprendidas previamente.

Memoria, consolidación Proceso mediante el cual la memoria a corto plazo se convierte en memoria a largo plazo.

Memoria a corto plazo Memoria que retiene temporalmente información (minutos-horas). Tipo de memoria previo a su transformación en memoria a largo plazo. La información de este tipo es accesible inmediatamente a la conciencia.

Memoria a largo plazo Memoria duradera, en algunos casos de por vida.

Memoria activa o **de trabajo** Concepto originariamente propuesto por Baddeley e Hitch y que refiere a un tipo de memoria cuya información se mantiene mientras es procesada. Ahora se piensa que es una colección de capacidades temporales asociadas a modalidades diferentes. Este tipo de memoria resulta afectada por la lesión de la parte dorsolateral de la corteza prefrontal.

Memoria asociativa, declarativa o **explícita** Capacidad de recordar un suceso en el que se han asociado las variables de espacio (localización del suceso), tiempo (tiempo variable transcurrido desde el suceso) y aspecto simbólico del mismo (un determinado suceso y no otro de determinadas características). Lesiones del hipocampo producen déficits de estas características.

Memoria de procedimientos o **implícita** Tipo de memoria sensoriomotora que implica hábitos, conductas y habilidades como, por ejemplo, las de montar en bicicleta, jugar al golf o tocar el piano.

Memoria icónica Memoria de lo muy cercano, menos de un segundo, de gran precisión y rápido decaimiento.

Mente Concepto impreciso que refiere al conjunto de atributos de la persona durante la experiencia consciente, como pensar, sentir y la misma consciencia del yo. Para muchos pensadores y científicos actuales su naturaleza es material y refiere a la expresión de la función cerebral. Para otros, muy pocos hoy, su naturaleza es espiritual no-material.

Neuroarquitectura Estudio de los agrupamientos, simetrías, secciones y proporciones que esconden arte, belleza y matemáticas desde la perspectiva de los mecanismos cerebrales subyacentes a ese proceso.

Neurociencia Disciplina que estudia el desarrollo, estructura, función, farmacología y patología del sistema nervioso.

Neurocultura Disciplina que refiere a una nueva cultura basada en el cerebro. Una reevaluación de las humanidades en función del conocimiento actual de cómo funciona el cerebro.

Neuroeconomía Aplicación a la economía de los conocimientos acerca de cómo funciona el cerebro humano, particularmente en el estudio de cómo los seres humanos toman decisiones. Refiere al estudio de las conductas que desarrolla el individuo cuando tiene que seleccionar y escoger una opción entre muchas.

Neuroeducación Refiere a la aplicación de los conocimientos sobre cómo funciona el cerebro integrados con la psicología, la sociología y la medicina en un intento de mejorar y potenciar tanto los procesos de aprendizaje y memoria de los estudiantes como enseñar mejor en los profesores. Neuroeducación incluye ayudar a detectar procesos psicológicos o cerebrales que puedan interferir con el aprendizaje y la memoria y con la educación.

Neuroestética Aproximación neurobiológica que trata de entender y explicar el arte —literatura, pintura, música, escultura o arquitectura— desde la perspectiva de cómo este es concebido, ejecutado y apreciado. Es el estudio que contempla el arte en relación con los procesos que se suceden en el cerebro humano durante la creación artística o cuando una persona se embarga y aprecia lo que conocemos como belleza.

Neuroética Refiere al estudio de los circuitos cerebrales y su actividad que dan como resultado al ser ético y moral. Es la aceptación de que lo que llamamos ética depende, en toda su dimensión, del funcionamiento del cerebro y, en particular, de ciertos sistemas cerebrales trabajando en un contexto social.

Neurofilosofía Filosofía sobre el hombre que se sustenta en los pilares sólidos de los conocimientos que aporta la neurociencia actual. Implica una nueva concepción del problema cerebro-mente (memoria, aprendizaje, conciencia, procesos mentales, libertad).

Neurogénesis Proceso de generación de las células nerviosas por medio de la secuencia desde las células germinales a neuroblastos y de ahí a células nerviosas completas. Formación del sistema nervioso.

Neurosociología Refiere a aquella disciplina que estudia los parámetros que rigen las interacciones sociales basadas en la lectura de los códigos, adquiridos a lo largo del proceso evolutivo y con los que funciona el cerebro humano.

Núcleo accumbens Área del sistema límbico implicada en procesos de emoción, motivación y activación motora. Es un área del cerebro que desempeña un papel de interfase entre la motivación y la ejecución de la actividad motora. Área convergente de vías que liberan diversos tipos de neurotransmisores, como la vía mesolímbica que libera dopamina y otras que liberan glutamato.

Núcleo caudado Núcleo que forma parte de los ganglios basales de origen telencefálico. Tiene forma arqueada en C con una cabeza (anterior) que se proyecta en el asta anterior del ventrículo lateral, un cuerpo (a lo largo del piso del ventrículo lateral) y una cola larga y elongada que se incurva hacia abajo y atrás en el lóbulo temporal hasta la pared del ventrículo lateral. Forma, junto con el putamen, el núcleo o cuerpo estriado.

Pensamiento Potencia o facultad de imaginar, considerar o discurrir. Uso de programas lógicos para responder cuestiones sobre la información que llega desde los órganos de los sentidos o desde fuentes internas.

Potenciación a largo plazo Concepto que refiere al aumento y facilitación de larga duración de la transmisión sináptica producida tras una estimulación breve y repetida pero de alta frecuencia. Descrita en el hipocampo y otras estructuras cerebrales con alta concentración de receptores NMDA. Actualmente se le considera una posible base neurobiológica de la memoria.

Potencial evocado Cambios transitorios de potencial registrados por electrodos externos (cuero cabelludo) en respuesta a un estímulo sensorial. Es el resultado de la actividad multineuronal de una región determinada del cerebro. Es un registro electroencefalográfico complejo, compuesto de ondas positivas y negativas y con una duración variable de cientos de milisegundos.

Prosopagnosia Pérdida de la capacidad para el reconocimiento visual de caras previamente conocidas de las personas, de animales, vehículos, etc.

Psicología cognitiva Disciplina dedicada al estudio del conocimiento humano, sus componentes, sus orígenes y su desarrollo (percepción, memoria, aprendizaje, lenguaje, etc.) tras postular un sistema de estados internos (programas) controlados por un sistema de procedimientos computacionales.

Ritmo cardíaco Ciclo o ritmo biológico que se aproxima a las 24 horas, como el ciclo normal del sueño-vigilia en el adulto humano. Se consideran ritmos circadianos los que oscilan entre las 20 y las 28 horas, por ejemplo, el ritmo vigilia-sueño, el de la temperatura corporal, cambios electrolíticos, hormonales, etc.

Sentimiento Percepción consciente de las emociones. Son el añadido específicamente humano a las emociones.

Sinapsis Término acuñado por Charles Sherrington para significar la unión o contacto entre dos neuronas. Pueden ser eléctricas y químicas. En la sinapsis se han de considerar tres partes: la presinapsis, el espacio sináptico y la postsinapsis. En las sinapsis químicas la señal interneuronal es transmitida por una sustancia química liberada por la terminal presináptica. Esta interactúa con receptores específicos localizados en la terminal postsináptica. El número de sinapsis de cada neurona es muy variable, pero suele ser grande, aproximadamente una neurona motora de un mamífero tiene unas 5.000 sinapsis. Una simple célula de Purkinje de la corteza cerebelar tiene unas 90.000 sinapsis.

Sinaptogénesis Término que refiere a la formación de sinapsis durante el desarrollo cerebral o tras una lesión en un área específica del cerebro (sinaptogénesis reactiva).

Sistema límbico Concepto genérico de delimitaciones anatómicas y funcionales imprecisas. Refiere a aquel conjunto de áreas cerebrales a las que se les supone formando circuitos que codifican el mundo personal de la emoción (placer, rabia, agresividad, etc.) y la motivación (ingesta de agua y alimentos, actividad sexual, etc.). Estas incluyen: giro cingulado, giro parahipocámpico, hipocampo, amígdala, séptum, núcleo accumbens, hipotálamo y corteza orbitofrontal.

Sistema reticular activador ascendente Concepto clásico que refiere a una red de neuronas extendidas a lo largo del tronco del encéfalo y que sería responsable, entre otras muchas funciones, de los ciclos del sueño y el despertar.

Sueño Proceso rítmico activo, normalmente recurrente con un ciclo de 24 horas.

Sueño, duración Cada ciclo de sueño dura aproximadamente 90 minutos y se producen un total de cuatro a siete ciclos, siendo algo más largos los primeros que los últimos. Con la edad disminuye el número de horas de sueño (de siete horas y media en el adulto a seis horas en el anciano) y también la duración de los periodos REM.

Sueño, estadios Cada ciclo de sueño pasa por cinco estadios en función del tipo de actividad cerebral que representa el electroencefalograma. Durante los estadios 1 al 4 se produce una disminución progresiva de la actividad de ondas cerebrales, pasando desde un ritmo alfa hasta un ritmo delta. Los estadios 1 y 2 ocupan el 50 por ciento del tiempo, y los estadios 3 y 4, un 25 por ciento. El quinto estadio es el del sueño paradójico o REM y ocupa el restante 25 por ciento.

Surco interparietal Surco que nace del surco poscentral y llega al lóbulo occipital, donde se continúa con el surco occipital transverso.

Tronco del encéfalo (tronco encefálico) Porción del sistema nervioso situada inmediatamente por encima de la médula y que comprende el bulbo, el puente y el mesencéfalo.

BIBLIOGRAFÍA

Alberts, B. (2009): «Redefining science education», *Science* 323, 437.

— (2010): «An education that inspires», *Science* 330, 427.

— (2010): «Science education web sites», *Science* 327, 504.

— (2011): «Getting education right», *Science* 333, 919.

Amodio, D. M., y Frith, Ch. D. (2006): «Meeting of minds: the medial frontal cortex and social cognition», *Nature Rev. Neurosci.* 7, 26-277.

Anderson, W. A.; Banerjee, U.; Drennan, C. L.; Elgin, S. C. R.; Epstein, I. R.; Handelsman, J.; Hatfull, G. F.; Losick, R.; O'Dowd, D. K.; Olivera, B. M.; Strobel, S. A.; Welker, G. C., y Warner, I. M. (2011): «Changing the culture of science education at research universities», *Science* 331, 152-153.

Ansari, D., y Coch, D. (2006): «Bridges over trouble waters: education and cognitive neuroscience», *Trends in Cognitive Neuroscience* 10, 146-151.

Autism (2012): Nature Outlook Suplement, *Nature* 491, S1-S20.

Badre, D.; Hoffman, J.; Cooney, J. W., y D'Exposito, M. (2009): «Hierarchical cognitive control deficits following damage to the human frontal lobe», *Nature Neurosci.* 12, 515-522.

Bahrami, B.; Olsen, K.; Latham, P. E.; Roepstorff, A.; Rees, G., y Frith Ch. D. (2010): «Optimally interacting minds», *Science* 329, 1081-1085.

Bain K. (2004): *What the Best Collage Teachers Do*, Cambridge, Massachusetts, Harvard University Press [ed. cast.: *Lo que hacen los mejores profesores universitarios*, Valencia, Publicaciones de la Universidad de Valencia, 2001].

Baker, D. P.; Salinas, D., y Eslinger, P. J. (2012): «An envisioned bridge: Schooling as a neurocognitive developmental institution», *Developmental Cog. Neurosci.* 25, S6-S17.

Barde, L. H. F.; Yeatman, J. D.; Lee, E. S.; Glover, G., y Feldman, H. M. (2012): «Differences in neural activation between preterm and full term born adolescents on a sentence comprehension task: implications for educational accommodations», *Developmental Cog. Neurosci.* 25, S114-S128.

Barnett, W. S. (2011): «Efectiveness of early educational intervention», *Science* 333, 975-978.

Baudouin, S. J.; Gaudias, J.; Gerharz, S.; Hatstatt, L.; Zhou, K.; Punnakkal, P.; Tanaka, K. F.; Spooren, W.; Hen, R.; De Zeeuw, C. I.; Vogt, K., y Schieffele, P. (2012): «Shared synaptic pathophysiology in Syndromic and nonsyndromic rodent models of autism», *Science* 338, 128-132.

Bell, P.; Lewenstein, B.; Shouse, A. W., y Feder, M. A. (eds.) (2009): «Learning Science in informal environments», *National Academy Press*, Washington D.C.

Benarós, S.; Lipina, S. J.; Segretin, M. S.; Herminda, M. J., y Colombo, J. A. (2010): «Neurociencia y educación: hacia la construcción de puentes interactivos», *Neurología* 50, 179-186.

Blackwell, I. S.; Trzesniewski K. H., y Dweck C. S. (2007): «Implicit theories of intelligence predict achievement across an adolescent transition: a longitudinal study and an intervention», *Child Development* 78, 246-263.

Blakemore, S. J. (2008): «The social brain in adolescence», *Nature Rev. Neurosci.* 9, 267-277.

—, y Bunge, S. A. (2012): «At the nexus of neuroscience and education», *Developmental Cognitive Neuroscience* 25, S1-S5.

—, y Rith, U. (2005): *The learning brain,* Oxford, Blackwell.

Bloom, P., y Welsberg, D. S. (2007): «Childhood origins of adult resistance to science», *Science* 316, 996-997.

Boggs, G. R. (2010): «Growing roles for science education in community colleges», *Science* 329, 1151-1152.

Bruer, J. T. (1997): «Education and the brain: A bridge too far», *Educational Researcher* 26, 4-16.

Buckholtz, J. W.; Treadway, M. T.; Cowan, R. L.; Woodward, N. D.; Li, R.; Sib Ansari, M.; Baldwin, R. M.; Schwartzman, A. N.; Shelby, E. S.; Smith, C. E.; Kessler, R. M., y Zald, D. H. (2010): «Dopaminergic network differences in human impulsivity», *Science* 329, 532.

Butterworth, B.; Varma S., y Laurillard, D. (2011): «Dyscalculia: from brain to education», *Science* 332, 1049-1053.

Cameron, W., y Chudler, E. (2003): «A role for neuroscientists in engaging young minds», *Nature Rev. Neurosci.* 4, 1-6.

Chauvette, S.; Seigneur J., y Timofeev, I. (2012): «Sleep oscillations in the thalamocortical system induce long-term neuronal plasticity», *Neuron* 75: 1105-1113.

Cicerón, M. T. (2000): *Bruto (Historia de la elocuencia romana),* Introducción, traducción y notas de Manuel Mañas, Madrid, Alianza Editorial.

Crone, E. A., y Dahl, R. E. (2012): «Understanding adolescence as a period of social-affective engagement and goal flexibility», *Nature Rev. Neurosci.* 13, 636-650.

Cruickshank, W. M. (1981): «A new perspective in teacher education: the neuroeducator», *J. Learning Disabilities* 14, 337-367.

Csibra, G., y Gergely, G. (2011): «Natural pedagogy as evolutionary adaptation», *Phil. Trans. R. Soc. B. Sci.* 366, 1149-1157.

De Dreu, C. K. W.; Greer, L. L.; Handgraaf, M. J. J.; Shalvi, S.; Van Kleef, G. A.; Baas, M.; Ten Velden, F. S.; Van Dijk, E. V., y Feith, S. W. W. (2010): «The neuropeptide oxytocin regulates parochial altruism in intergroup conflict among humans», *Science* 328, 1408-1411.

Dehaene, R. L. (2011): «Teaching creative science thinking», *Science* 334, 1499-1500.

Dehaene S. (2011): *The number sense: How the mind creates mathematics*, Oxford, Oxford University Press.

—, Molko, N.; Cohen, L., y Wilson, A. J. (2004): «Arithmetic and the brain», *Curr. Opin. Neurobiol.* 14, 218-224.

—, Pegado, F.; Braga, L. W.; Ventura, P.; Filho, G. N.; Jobert, A.; Dehaene-Lambertz, G.; Kolinsky, R.; Morais, J., y Cohen, L. (2010): «How learning to read changes the cortical networks for vision and language», *Science* 330, 1359-1364.

—, Spelke, E., Pinel, P.; Stanescu, R., y Tsivkin P. (1999): «Source of mathematical thinking: behavioural and brain-imaging evidence», *Science* 284, 970-974.

Della Sala, S. (ed.) (2002): *Mind Myths,* Nueva York: Wiley & Sons.

— (ed.) (2007): *Tall tales about the mind and brain*, Oxford, Oxford Univ. Press.

Deng, W.; Aimone, J. B., y Gage, F. H. (2010): «New neurons and new memories: How does adult hippocampal neurogenesis affect learning and memory?», *Nature Rev. Neurosci.* 11, 339-350.

Deslauriers, L.; Schelew, E., y Wieman, C. (2011): «Improved learning in a large-enrollment physics class», *Science* 332, 862-864.

Diamond, A., y Lee, K. (2011): «Interventions shown to aid executive function development in children 4 to 12 years old», *Science* 333, 959-964.

Diamond, J. (2010): «The benefits of multilingualism», *Science* 330, 332-333.

Dinstein, Ll.; Thomas, C.; Humphreys, K.; Minshew, N.; Behrmann, M., y Heeger, D. J. (2010): «Normal movement selectivity in Autism», *Neuron* 66, 461-469.

Dubinsky, J. M. (2010): «Neuroscience education for prekindergarten-12teachers», *J. Neurosci.* 30, 8057-8060.

Durant, J., y Ibrahim, A. (2011): «Celebrating the culture of science», *Science* 331, 1242.

Evans, J. A., y Foster, J. G. (2011): «Metaknowledge», *Science* 331, 721-725.

Fangiolini, M.; Jensen, C. L., y Champagne, F. A. (2009): «Epigenetic influences on brain development and plasticity», *Curr. Opinion in Neurobiol.* 19, 1-6.

Feldon, D. F.; Maher, M. A., y Timmerman, B. E. (2010): «Performance-based data in the study of STEB Ph.D. Education», *Science* 329, 282-283.

Fernández-Ballesteros, R.; Molina, M. A.; Schettini, R., y Del Rey, A. L. (2012): «Promoting active aging through university programs for older adults», *GeroPsych* 25, 145-154.

Fischer, K. W.; Daniel, D. B.; Immordino-Yang, M. H.; Stern, E.; Battro, A., y Koizumi, H. (2007): «Why mind, brain and education? Why now?», *Mind, Brain and Education* 1, 1-2.

Fleming, S. M.; Weil, R. S.; Nagy, Z.; Dolan, R. J., y Rees, G. (2010): «Relating introspectrive accuracy to individual differences in brain structure», *Science* 329, 1541-1543.

Fuller, J. K., y Glendening, J. G. (1985): «The neuroeducator: professional of the future», *Theory into Practice* 24, 135-137.

Gage, F. H., y Muotri A. R. (2012): «What makes your brain unique?», *Scientific American. March* 2012, 20-25.

Gardner, H. (2008): «Quandaries for Neuroeducators», *Mind, Brain and Education* 2, 165-168.

Golan, O., y Baren-Cohen, S. (2006): «Systemizing empathy: teaching adults with Asperger syndrome and high functioning autism to recognise complex emotions using interactive media», *Dev. Pyschopathol.* 18, 589-615.

Golombeck, D. A., y Cardinali, D. P. (2008): «Mind, Brain, Education and biological timing», *Mind, Brain and Education* 2, 1-6.

Gómez-Pinilla, F. (2008): «Brain foods: the effects of nutrients on brain function», *Nature Rev. Neurosci.* 9, 568-578.

Goswami, U. (2006): «Neuroscience and education: from research to practice?», *Nature Rev. Nerurosci.* 7, 406-413.

Groch, S.; Wilhelm, I.; Diekelmann, S., y Born, J. (2012): «The role of REM sleep in the processing of emotional memories: Evidence from behaviour and event-related potentials», *Neurobiol. Learn Mem.* Doi: 10.1016/j.nlm.2012.10.006.

Gross, C. T., y Canteras, N. S. (2012): «The many paths of fair», *Nature Rev. Neurosci.* 13, 651-658.

Grüter, T., y Carbon, C-Ch. (2010): «Escaping attention», *Science* 328, 435-436.

Hackman, D. A., y Farah, M. J. (2009): «Socioeconomical status and the developing brain», *Trends Cogn. Science* 13, 65.

Han, S., y Northoff, G. (2008): «Culture-sensitive neural substrates of human cognition: a transcultural neuroimaging approach», *Nature Rev. Neurosci.* 9, 646-654.

Henswch, T. K. (2005): «Critical period plasticity in local cortical circuits», *Nature Rev. Neurosci.* 6, 877-888.

Hillman, Ch. H.; Erickson, K. I., y Kramer, A. F. (2008): «Be smart, exercise your heart: exercise effects on brain and cognition», *Nature Rev. Neurosci.* 9, 58-65.

Hirsh-Pasek, K., y Bruer, J. T. (2007): «The brain/education barrier», *Science* 317, 1293.

Immordino-Yan, M. H., y Damasio, A. (2007): «We feel, therefore we learn: the relevance of affective and social neuroscience to education», *Mind Brain and Education* 1, 3-10.

Johnson, M. H. (2001): «Funcional brain development in humans», *Nature Rev. Neurosci.* 2, 475-483.

Kant, I. (2003): *Pedagogía*, Barcelona, Akal.

Katzir, T., y Paré-Blagoev, J. (2006): «Applying cognitive neuroscience research to education: The case of literacy», *Educational Pyschologist* 4, 53-74.

Keil, F. C. (2011): «Science starts early», *Science* 331, 1022-1023.

LaBar, K. S., y Cabeza, R. (2006): «Cognitive neuroscience of emotional memory», *Nature Rev. Neurosci.* 7, 54-64.

Leppänen, J. M., y Nelson, Ch. A. (2009): «Tuning the developing brain to social signals of emotions», *Nature Rev. Neurosci.* 10, 37-47.

Lezak M. D. (2012): *Neuropsychological Assessment*, Oxford, Oxford University Press.

Liliendfeld, S. O, Lynn, S. J.; Ruscio, J., y Beyerstein, L. (2010): *50 great myths of popular psychology*. Nueva York, Wiley-Blackwell.

Lupien, S. J.; McEwen, B. S.; Gunnar, M. R., y Heim, Ch. (2009): «Effects of stress throughout the lifespan on the brain, behaviour and cognition», *Nature Rev. Neurosci.* 10, 434-445.

MacNabb, C.; Schmitt, L.; Michlin, M.; Harris, I.; Thomas, L.; Chittendon, D.; Ebner, T. J., y Dubinsky, J. M. (2006): «Neuroscience in middle schools: A professional development and resource program that models inquiry-based strategies and engages teachers in classroom implementation», *CBE-Life Sciences Education* 5, 144-157.

Makinodan, M.; Rosen, K. M.; Ito, S., y Corfas, G. (2012): «A critical period for social experience-dependent oligodendrocyte maturation and myelination», *Science* 337, 1537-1360.

Matsumoto, K., y Tanaka, K. (2004): «Conflict and cognitive control», *Science* 303, 969-970.

Maya, N., y Rivero, S. (2010): *Conocer el cerebro para la excelencia en la educación*, Zamudio, Vizcaya, Innobasque.

Meltzoff, A. N.; Kuhl, P. K.; Movellan, J., y Sejnowski, T. J. (2009): «Foundations for a new science of learning», *Science* 325, 284-288.

Mervis, J. (2010): «A way to heal science education, but is there the political will?», *Science* 329, 1582-1583.

Miller, G. (2010): «New Clues about what makes the human brain special», *Science* 330, 1167.

Miller, S.; Pfund, Ch.; Pribbenow, Dh., y Handelsman, J. (2008): «Scientific teaching in practice», *Science* 322, 1329-1330.

Mora, F. (2000): *El cerebro sintiente*, Barcelona: Ariel.

— (2007): *Neurocultura*, Madrid, Alianza Editorial.

— (2009): *Cómo funciona el cerebro*, Madrid, Alianza Editorial.

—, y Peña, A. (1998): «Desarrollo cerebral y adolescencia». En J. M. Segovia y F. Mora (eds.), *Sociopatología de la adolescencia*, Madrid, Farmaindustria.

—, y Sanguinetti, A. M. (2002): *Diccionario de Neurociencia*, Madrid, Alianza Editorial.

—; Segovia, G., y Del Arco, A. (2007): «Aging plasticity and environmental enrichment: structural changes and neurotransmitter dynamics in several areas of the brain», *Brain Res. Rev.* 55, 78-88.

—; De Blas, M., y Garrido, P. (2012): «Stress, Neurotransmitters, Corticosterone and body brain integration», *Brain Res.* 1476, 71-85.

Morishima, Y.; Schunk, D.; Bruhin, A.; Ruff, Ch. C., y Fehr, E. (2012): «Linking brain structure and activation in temporoparietal junction to explain the neurobiology of human altruism», *Neuron* 75, 73-79.

Noble, K. G.; Tottenham, N., y Casey, B. J. (2005): «Neuroscience perspectives on disparities in school readiness and cognitive achievement», *The future of Children* 15, 71-89.

Norenzayan, A. (2011): «Explaining human behavioural diversity», *Science* 332, 1041-1042.

OECD (2007): *Understanding the brain. The Birth of a Learning Science*, París, OECD.

Ortiz, T. (2009): *Neurociencia y Educación*, Madrid, Alianza Editorial.

Owen, A. M.; Hampshire, A.; Grahn, J. A.; Stenton, R.; Dajani, S.; Burns, A. S.; Howard, R. J., y Ballard, C. G. (2010): «Putting brain training to the test Nature», *Nature* 465, 775-779. doi:10.1038/nature 09042.

Parker, D., y Boutelle, K. (2009): «Learn», *Disabil. Res. Pract.* 24, 204.

Paulesu, E.; McCrory, E.; Facio, F.; Menoncello, L.; Brunswick, N.; Cappa, S. F.; Cotelli, M.; Cossu, G.; Corte, F.; Lorusso, M.; Pesenti, S.; Gallagher, A.; Perani, D.; Price, C.; Frith, C. D., y Frith, U. (2000): «A cultural effect on brain function», *Nature Neurosci.* 3, 91-96.

Paus, T.; Keshavan, M., y Giedd, J. N. (2008): «Why do many psychiatric disorders emerge during adolescence?», *Nature Rev. Neurosci.* 9, 947-957.

Pessoa, L. (2008): «On the relationship between emotion and cognition», *Nature Rev. Neurosci.* 9, 148-158.

Pine, D. S. (1999): «Pathophysiology of childhood anxiety disorders», *Biol. Psychiatry* 46, 1555.

Pulvermüller, F., y Fadiga, L. (2010): «Active perception: sensorimotor circuits as a cortical basis for language», *Nature Rev. Neurosci.* 11, 351-360.

Raizada, R. D. S.; Richards, T. L.; Meltzoff, A. N. y Kuhl, P. K. (2008): «Socioeconomic status predicts hemispheric specialisation of the left inferior frontal gyrus in young children», *Neuroimage* 40, 1392.

Raz, A., y Buhle, J. (2006): «Typologies of attentional Networks», *Nature Rev. Neurosci.* 7, 367-379.

Reif, F. (2008): «Applying cognitive science to education», Cambridge, Massachusetts, MIT Press.

Rueda, M. R.; Rothbart, M. K.; McCandliss, B. D.; Saccomanno, L.; Posner, M. L. (2005): «Training, maturation and genetic influences on the development of executive attention», *Proc. Natl. Acad. Sci. USA* 102, 14931-14936.

Sander, M. C.; Wekle-Bergner, M.; Gerjets, P.; Shing, Y. L., y Lindenberger, U. (2012): «The two-component model of memory development, and its potential implications for educational settings», *Developmental Cog. Neurosci.* 25, S67-S77.

Schmidt, W. H.; Houang, R., y Cogan, L. S. (2011): «Preparing future math teachers», *Science* 332, 1266-1267.

«Science, language and literacy» (2010): *Science* 328, número especial, 447-466.

Shonkoff, J. P. (2011): «Protecting brains, not simply stimulating minds», *Science* 333, 982-983.

Singh, I. (2008): «Beyond polemics: science and ethics of ADHD», *Nature Rev. Neurosci.* 9, 957-964.

Singh, J.; Hallmayer, J., y Illes, J. (2007): «Interacting and paradoxial forces in neuroscience and society», *Nature Rev. Neurosci.* 8, 253-160.

Slingerland, E. (2008): *What Science offers the humanities*, Cambridge, Cambridge University Press.

Smaglik, P. (2011): «Education: time to teach», *Nature* 477, 499-501.

Smith, M. S. (2009): «Opening education», *Science* 323, 89-93.

Steele, K. M.; Bella, S. D.; Peretz, I.; Dunlop, T.; Dawee, Ll. A.; Humphrey, G. K.; Shannon, R. A.; Kirby Jr., J. L., y Olmstead, C. G. (1999): «Prelude or réquiem for the «Mozart effect»?», *Nature* 400, 826-827.

Stern, E. (2005): «Pedagogy meets neuroscience», *Science* 310, 745.

Stern, P., y Hines, P. J. (2005): «Neuroscience: Systems-Level brain development», *Science* 801-823.

Stevens, C., y Bavelier, D. (2012): «The role of selective attention on academic foundations: a cognitive neuroscience perspective», *Developmental Cognitive Neuroscience*, vol. 2, 15 de febrero, S30-S48.

Stix, G. (2011): «How to build a better learner», *Scientific American*, agosto, 30-37

Taylor, J.; Roehrig, A. D.; Hensler, B. S.; Connor, C. M., y Schatschneider, C. (2010): «Teacher quality moderates the genetic effects on early reading», *Science* 328, 512-514.

Tenenbaum, J. B.; Kemp, Ch.; Griffiths, T. L., y Goodman, N. D. (2011): «How to grow a mind: Statistics, structure and abstraction», *Science* 331, 1279-1285.

Tomietto, M., y Gelder, B. (2010): «Neural bases of the non-concoius perception of emotional signals», *Nature Rev. Neurosci.* 11, 697-709.

Tononi, G., y Edelman, G. M. (1998): «Consciousness and complexity», *Science* 282, 1846-1851.

Valdez, P.; Reilly, T., y Waterhouse, J. (2008): «Rhythms of mental performance», *Mind Brain and Education* 2, 7-16.

Van Der Werf, Y. D.; Altena, E.; Shoonheim, M. M.; Sanz-Arigita, E. J.; Vis, J. C.; De Rijke, W., y Van Someren, E. J. W. (2009): «Sleep benefits subsequent hippocampal functioning», *Nature* doi: 10.1038//.2253.

—Van Der Helm, E.; Schoonheim, M. M.; Ridderikhoff, A., y Van Someren E. J. (2009): «Learning by observation requires an early sleep window», *Proc. Natl. Acad. Sci. USA* 106, 18926-18930.

Van Praag, H. (2009): «Exercise and the brain: something to chew on», *TINS* 32, 283-290.

Walton, G. M., y Cohen, G. L. (2011): «A brief social-belonging intervention improves academic and health outcomes of minority students», *Science* 331, 1447-1451.

Watts, A.; Gritton, H. J.; Sweigart, J., y Poe, G. R. (2012): «Antidepressant suppression of Non-REM sleep siondles and REM sleep impairs hippocampus-dependent learning while augmenting striatum-dependent learning», *Journal Neurosci.* 32, 13411-13420.

Werker, J. (2012): «Perceptual foundations of bilingual acquisition in infancy», *Ann. N. Y. Acad. Sci.* 1251, 50-61.

Wexler, B. E. (2006): *Brain and culture*, Cambridge, Massachusetts, MIT Press.

Willingham, D. T. (2009): «Three problems in the marriage of neuroscience and education», *Cortex* 45, 544-545.

—, y Lloyd, J. W. (2007): «How educational theories can use neurocientific data», *Mind, Brain and Education* 1, 140-149.

Xue, G.; Dong, Q.; Chen, Ch.; Lu, Z.; Mumford, J. A., y Poldrack, R. A. (2010): «Greater neural pattern similarity across repetitions is associated with better memory», *Science* 330, 97-101.

Zardetto-Schmith, A. M.; Mu, K.; Phelps, C. L.; Houtz, L. E., y Royeen, Ch. B. (2002): «Brains Rule! Fun=learning=neuroscience literacy», *The Neuroscientist* 8, 396-404.

ÍNDICE ANALÍTICO

Algunas entradas de este índice analítico (marcadas con *) están tan profusamente citadas en el texto que no parece útil enumerar las páginas en las que se mencionan.